又吉直樹

往復書簡

無目的な思索の応答

武田砂鉄

朝日出版社

往復書簡　無目的な思索の応答　目次

又吉直樹↕武田砂鉄

06 まえがき
10 声って
12 読んでない人からも批判されるのは僕くらい
14 ああだこうだ
16 「今日、調子いいね」という呪縛
18 夜に馴染む
20 妖怪ケンムン
22 本音ベース
24 機嫌悪いわけじゃないよ
26 （笑）の入れ方

リアルってなんや 28
主観の操縦 30
えん 32
偶然ってどこから 34
刺激と反応 36
イケてる人 38
あいまいな記憶 40
最近評判悪いよ 42
キスしたことある？ 44
早生まれだけど学年は一緒 46
松坂世代らしい 48
不便を残す 50
「無駄」が楽しい 52
マッサージマッサージ 54
「マタキチ」って呼ぶ人 56
状況選択能力 58

「フリ」 60
さびしさを鳴らす 62
得意げに「意味わからん」と言う人もいるし 64
「でしょー」 66
楽はしない 68
俯瞰と起爆 70
「自然」と「不自然」 72
トリミング癖 74
削って語る 76
池谷幸雄である必然性 78
パターン化された理屈 80
接続の横柄さ 82
都合の良い接続 84
街に転がる決断 86
会議の「流れ」 88
偏愛の屍 90

ずるい 92
斬新と言われても 94
悔しくてクワマン 96
スリジャヤワルダナプラコッテ 98
初体験 100
「面白い」を探す 102
好きなようにやる 104
「好き」が揺れ動く 106
迷う 108
イイ感じに思われる 110
結局、自分で考える 112
終わらせ方って難しい 114
「終わり」にも続きがある 116
あとがき 120

まえがき

文章を書いているうちに、ところでこれって、読む相手にとって、どんな意味が生まれるのだろうかと考え始める。相手にぶつけようとするなかで、意味が膨張し始める。その後で、そうか、そういうことが言いたかったのかと、相手というより自分に伝え始める。考えていることの欠片が、さらに考えるべきことを生み出していく。文章を書いている時だけではなく、人と対話していても、興奮する瞬間ってそういう時だったりする。

ある時、会ったこともない、だけど、テレビで毎日のように見かける又吉直樹さんからメールが来た。偽者だと思ったので、偽者だと思っています、と返したら、いえ、本物ですと、それもまたちょっと嘘みたいなメールが返ってきた。その後、特に親しくなったわけでもない。いまだに数回しか会ったことはない。友達になるとか、そういうことにもならなさそうだ。そんな又吉さんと新聞の紙面で一年半にわたって往復書簡を交わすことになった。

自分の知る往復書簡って、あらかじめ仲睦まじい二人が、ちょっとかしこまり、改めて書くとなると緊張しちゃうよね、なんて言いながら始まるイメージだったが、こちらは又吉さんに対して、緊張もしないし、逆に緩みもしない。ひとつひとつの書簡は、意味があるような、ないようなものだけれど、それが連なっていった時に、いよいよ大きな意味になった、わけでもない。

どのような意味があったのかなんて定かではない。書簡を送り合う日々が終わってしばらく経つが、読み返していると、一体何が言いたかったんだろうと思うし、誰かが読めば、そう思われてしまうかもしれない。でも、それでいいと勝手に納得している。言葉を重ねていくと、意味が固まってくるものだけど、今回は、意味がただただ点在している感じが続き、生まれたり消えたりした。それはもしかしたら、とても貴重なことだったのでは、と思っているのです。

二〇一八年十一月

武田砂鉄

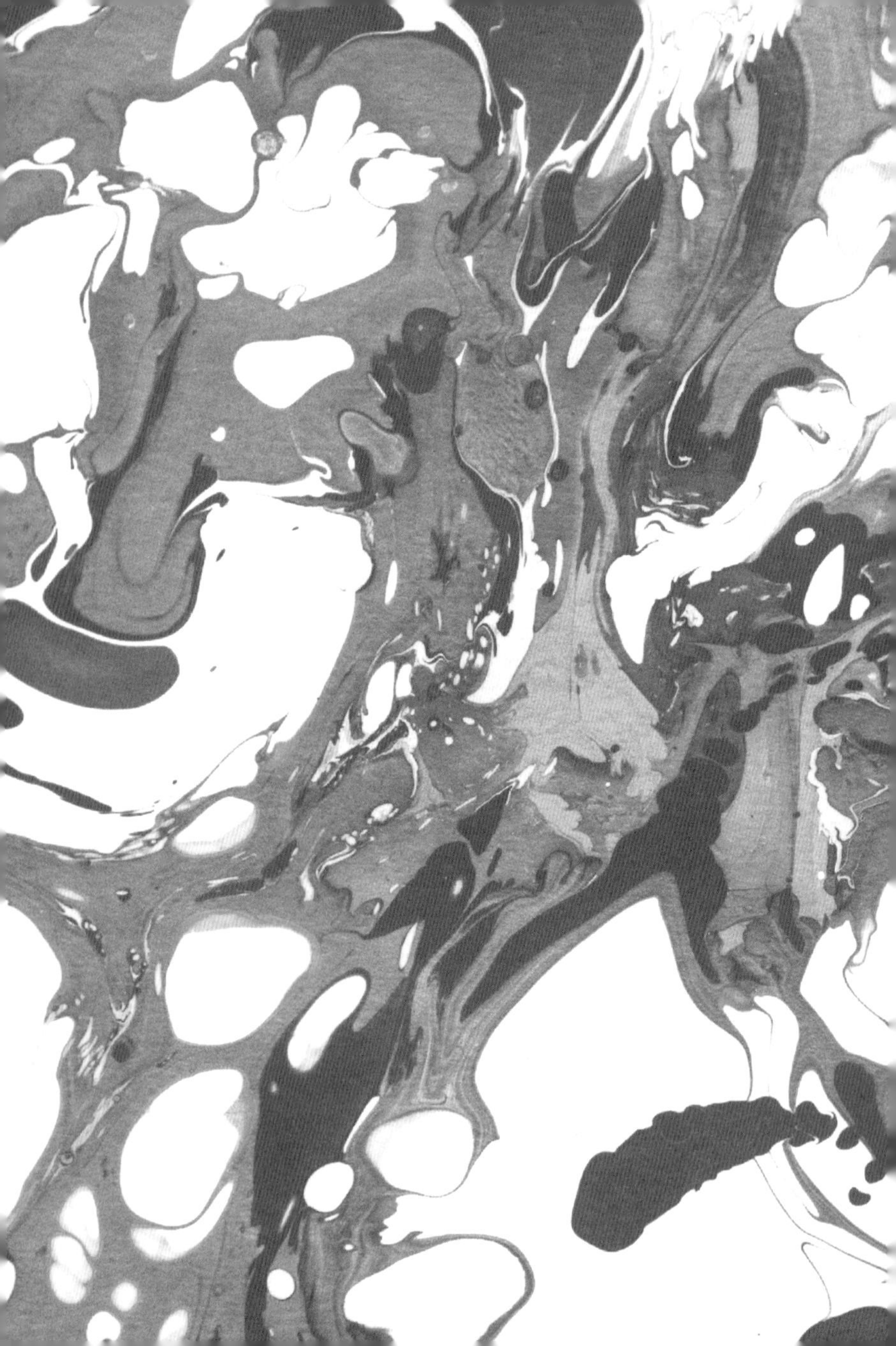

往復書簡　無目的な思索の応答

声って

2016/08/04

どうってことない夜に「又吉です。」というタイトルのメールが届き、そのアドレスは「沙緒里です……愛人になりたいんです……」といった類いの迷惑メールがひたすら押し寄せるアドレスだったものですから、随分と色気に欠けたタイトルだなと思ったら、まさかの本人でした。文芸誌に掲載されたばかりの小説「火花」について記したレビュー記事が目に留まったようで、その感想を伝えてくださったのでした。

メールには「今夜、あなたのおかげで生き延びれます」とありました。〃沙緒里〃も使わないような熱っぽい言い回しを前に、ありがたい、だけど、ちょっと重いなと、身構えました。偽者ですよね、本物です、と何度かやりとりすると、こちらは手放しで絶賛したわけでもないのに、どうやらその、手を放しきっていない感じが嬉《うれ》しかった、とのニュアンスが伝わりました。褒めてくれてありがとう、ではなかったことに、時間をかけて嬉しくなりました。

武田砂鉄
←
又吉直樹

今回、こうして往復書簡を交わす運びとなったわけですが、又吉さんはコントにしろ小説にしろ、ストーリーを練り上げる職業で、こちらはそれらを受け止めて、感嘆するだけではなく、時には疑ってみたりもする職業です。近いようで、異なる場にいます。

又吉さんは、本を読んだ後、もしその本をうまいこと味わえなかったとしても、「自分が面白さをわからなかっただけじゃないかと思う」と書かれていました。決して「面白くなかった」とは誇らしげには言えないのだと。それは本にとって、とても優しいことではあるけれど、その本の書き手にとってはどうなのだろう、とも思います。私は、面白くない時には、しっかりと、面白くないと表明するようにしているのですが、そのくせ、「しっかり、って何？」などと、自分で提示しておいて、悩んだままだったりします。

近年、「火花」ほど、ああだこうだ意見を投げられた小説はありません。ああだこうだの「ああ」を投げたほうからは、受け止めたほうの光景は見えません。厄介でしたか。除《よ》けられましたか。それよりも先立つ感覚があったのでしょうか。「しっかり」届いた声はありましたか。

読んでない人からも批判されるのは僕くらい

2016/08/18

「火花」を発表する時、周囲に「文学好きを公言してるからプレッシャーだね？」と言われましたが、作品を発表するならその程度の覚悟は必要でしょうし、むしろ自分の作品がどう読者へ届くのか楽しみでした。ところが話題になると、読む前から「タレントだから」という類いの批判が多く、「内容は？」と拍子抜けし、読まれることへの期待が一気に失せました。その頃、武田さんが「火花」を小説として扱ってくださっている記事を読み、「今夜、あなたのおかげで生き延びれます」という内容のメールを送りました。自分は嬉しいことがあると寿命が延びたと感動する仕組みになっているのです。とはいえ、突然他人からこの言葉は重いですね。誰かに二度とそんな責任を背負わさないようにパソコンのアドレスを、「anatanookagedeikinobireru@」に変更してみます。

僕が小説を面白く鑑賞しようとするのは、創作物に限らず眼に見えるものすべてを面白くないと感じてしまう時期があり、その感覚で生きているとしんどかったので、「自分が面白くないのでは?」と価値観を反転させて面白さを発見することによって生き延びられたという経験があるからです。自分に対する批評については厳しい言葉であっても嬉しいことが多いです。一部の納得できない批判には感情的にこそなりますが、それはサッカーで相手選手の正当なタックルで倒された時に感じるものと同質の、プレーを向上させるために有効な怒りなので批評は必要だと思います。相方の綾部は「火花」を読み、「言葉が難しくて意味わかんねぇよ。みんな言ってるぞ」と言い、母は「お酒飲みすぎないようにね」と言いました。笑いこそしましたが、これらに比べて内容に触れる批判はとても貴重なのです。

ただ、創作者のくせに誰かに指摘された部分を正確に直し提案を呑《の》むだけで作品を向上させようとするなら止《や》めてしまえというのも正直な意見です。好意的に読んでくださったスタジオジブリの鈴木敏夫さんに「あれ最後まで読んだ人って半分くらいしかいないと思いますよ」と言われて一緒に笑いましたが、実際にそうだと思います。だからこそ作品を鑑賞してくださる読者には心の底から感謝しています。

ああだこうだ

2016/09/01

それなりに前、一度だけ又吉さんにインタビューしたことがあります。新宿の「ルミネ the よしもと」でのステージを終えた直後の取材でした。客席の笑い声が漏れ聞こえる部屋で待っていると、出番を終えた又吉さんが駆け込んできて、すぐにその日のテーマだった俳句についてのインタビューが始まりました。

断片的に聞こえただけなので定かではないですが、廊下で後輩芸人と談笑していた相方の綾部さんは、今年流行《はや》っている水着の話で盛り上がっているようでした。ステージを後にしてから五分経たずして、一人は俳句の話をし、もう一人は水着の話をする。こうも切り替えられるものなのかと感心した後で、すぐに、でもそれって、普通のことだよなと思い直しました。

自分は今こうして書簡を書いていますが、「と思い直しました」と結んだ後で書簡から離脱し、動画サイトに三十分ほど浮気し、ようやく原稿に戻っています。好きなバンドが八年ぶりの新譜を出すというので新曲PVを繰り返し観ました。

よかった、健在です。安心しました。健在を確認し、書簡に戻ろうとしています。人は言動を瞬間的に変えながら生きています。あるいは混ぜ合わせて生きています。ステージを終えたらすぐに俳句について語れます。流行りの水着で盛り上がれます。しかし、人が他者を把握する時、その変転や混交を搾り取って伝えます。伝わりやすいことを一義に伝えます。

重層性、と書けば難しく聞こえますが、人っていろんなことを一気に考えているからそれぞれ愛《いと》おしいのに（だから「ああだこうだ」という言葉が好きです）、たとえばひとつの作品を出すと、それがその人の考えを濃縮したものだ、と思われすぎる節があります。

初めての本を出した後、「ああいった感じで」との原稿依頼をいくつか受けました。自分が常にああだこうだ揺れ動いているので、もはや「感じ」がわからないのです。こちらの言動を外から雑に固めてくる働きかけに強い抵抗感がありま す。前回、創作者が他者からの提案をただ呑んではならぬ、とありました。納得です。それを回避することは、又吉さんにとって、タフなことですか、ラクチンなことですか。

「今日、調子いいね」という呪縛

2016/09/08

他者から作風を断定されるのは相当なストレスです。その声の方向に従いつつ変化させるにせよ、はなから裏切るにせよ、体力と気力が必要になります。ピースとしてネタ番組に初めて出演した時、僕たちに与えられたキャッチコピーは「スポーツコント師」でした。それを知らされた瞬間、「あっ、絶対売れへん」と確信しました。たしかに、その時の放送ではサッカーコントを演じたのですが、それに続くスポーツコントなどまったく用意していませんでした。

誰かに人格を勝手に決められるのも苦手です。僕は性格的に暗い傾向がありますが人間なので気分によって明るく振る舞うこともあります。すると「なにか良いことあった?」と問われ、結局は暗いキャラの中に閉じ込められてしまいます。同じような理由で「今日、調子いいね」という言葉も苦手です。みんなが想定している僕の可能性を成果が越えた瞬間、僕から「調子」という名の妖怪へと功績が移行するのです。固定観念の恐ろしさです。

僕は最初から確定していることも苦手です。ミステリー小説などで「誰もが驚く衝撃のラスト！」と紹介されているものがありますが、それも隠しておいてほしいのです。最初に宣言されるとつい構えてしまい驚きが半減します。

以前、子供の頃からファンだったMr.マリックさんとイベントでご一緒した時のリハーサルで、「このグラスの取っ手を摑《つか》んでいてください。私が触れずに割りますので」と指示を受けたのですが、「僕は知ってしまうと驚けないので他の人にしてください」とお断りしました。マリックさんは「いや、驚けるから」とおっしゃっていました。先輩や相方からは失礼だと叱られたのですが、僕としてはマリックさんを尊敬しているからこそ、ハンドパワーのことも絶対に成功することもわかっていて、さらにグラスが割れることまで知らされて、もう驚くことがないと思ったのです。それでも本番では想像以上にグラスが粉々になり、僕も少し驚いてしまいました。マリックさんはMr.マリックをやりながら少しずつ更新し続けているのかもしれません。武田さんは驚くことがありますか？

夜に馴染む

2016/09/15

自分の住むマンションはカーブの途中に面しています。最寄り駅から十分ほどの場所にあるのですが、短い商店街を抜けると、代わり映えしない住宅街が続きます。深夜ともなれば人はまばらなのですが、自転車で帰路を急ぐ人のいくらかが、カーブにさしかかるタイミングで鼻歌を歌い始めるのです。鼻歌ではなく、歌の時もあります。とにかく自分の家の前から、毎夜、何人かが歌い始めるのです。

マンションの向かいには緑地が広がっており、確信は持てないものの、どうやら緑地にさしかかったのを合図に鼻歌を始めているようなのです。驚くのは、こちらがカーテンを開けるなどして存在を知らせても、彼らは鼻歌を止めようとはしません。歌ったまま、消えていきます。終電近くの混み合う電車から吐き出された皆々が、ここでようやく、いろいろなことから解放されているのかもしれません。

最近、ポール・ボガード『本当の夜をさがして　都市の明かりは私たちから何を奪ったのか』というノンフィクションを読みました。便利や安全という目的に引っ張られながら、どこまでも明るい状態を維持したがる社会が、どれほど豊かな闇を剝奪しているか、さまざまな取材を通して告発していく本なのですが、その中で著者が、ヴァージニア・ウルフのエッセーから「暗闇とランプの光が私たちを無責任にする」を抜き、『無責任』という言葉を『自由』に置き換えてもいいだろう」と続けます。

暗闇が私たちを無責任にする、という表現、なんだかとっても解放感があります。蛍光灯の下で進まぬ原稿に向かっている自分は、なぜ彼らはあんなにも大きな声で鼻歌を歌えるのかとその都度驚くのですが、駅前から徐々に光量が減っていき、視界のおおよそが闇に包まれようとした時、自然と鼻歌を歌い始める。こちらのマンションから光が漏れても気にしない。この本を読んでからというもの、誰かのだらしない鼻歌が愛おしくすらなってきました。

なぜ躊躇《ためら》わずに歌えるんだろうと驚いてきたのですが、むしろあちらのほうが素直な反応であって、無責任に、自由に、夜に馴染んでいるようなのです。

妖怪ケンムン

2016/10/06

母方の実家が奄美《あまみ》諸島の加計呂麻島《かけろまじま》なのですが、高校卒業後に一度行ったきりだったので数年前に再訪しました。その島にはケンムンという河童《かっぱ》に似た妖怪が住むと言われていて、島の人たちに話を聞くと、七十歳以上の方で「見たことがある」という証言が異常に多いことに驚きました。目撃率だけでいうと、両国の街中で力士を見たことがある人よりも多いのではないかと思うほどでした。ケンムンに詳しい島の人たちに連れられ、かつてケンムンが座ったとされる砂浜の岩を見に行くと、島の方々は「子供の頃は怖くて近づけなかった」と口々に言いながら、その岩に座るよう僕に言いました。僕が座ると島の人は「東京のケンムンだ！」と言って楽しそうに笑うのですが、僕が何度すすめても自分たちは岩に座ろうとしません。強がってはいましたが、いまだにケンムンを恐れているのです。その強硬な姿勢に触れると僕も岩に座ったことを後悔し不安になりました。僕に災難があればケンムンの呪いです。島の人たちにとってケンムンの存在はまだ有効なのです。

戦後、進駐軍がガジュマルの木を切ってしまうと島民から「ガジュマルはケンムンの家だから呪われますよ」といった内容の手紙がたくさん届いたそうです。ガジュマルが切られたことによりケンムンは住処《すみか》をなくし山に追いやられたというのですが、その頃と島に電気が通り集落に外灯が立った時期が重なります。

妖怪を山に退去させたのは光じゃないかと思います。出没する場所は暗かった頃の夜のガジュマルや砂浜の両端にある巨大な岩壁など人間が住むエリアと自然との境界で、暗闇の入り口になる場所です。そこに光が届いたことで、人間の生活エリアがケンムンの領域を浸食していったのです。「自然を大切に」という感覚よりも、もっと切実に「自然の領域に足を踏み入れたら命を落とす危険が高まる」といった島の人たちの実感がケンムンの正体ではないかと感じました。ケンムンは自然と人間社会の境界に立つ門番の役割を担っているのだと思います。

東京の夜。一人で考えごとをする時、僕は喧騒《けんそう》から逃げるように暗闇を求めて歩きます。すると「東京のケンムン」という言葉が頭をよぎります。

不確かなものを凝視する時にも暗闇は役立ちます。島の老人に「又吉さん、今度来たら知り合いの魔女に会わせてやるよ」と言われたので、また島に行きたいと思います。

本音ベース

2016/10/13

心の闇、という言葉で片付けるのが苦手で、それは心なんておしなべて闇だと思うから。猟奇的な犯罪者や薬物に手を出してしまった誰かにメディアが投じる言葉ですが、誰かの見えない心の闇を恐れている人たちが、光に照らされた心だけを健全だと規定しているのだとすれば、こちらの心の闇はますます深くなります。

恐ろしいことに、この一週間で二回も、人から「今日は本音ベースで話しましょう」と清々《すがすが》しく言われました。もちろんその途端に「今日は本音ベースでは話せない」とシャッターを下ろすのですが、ふと、本音ベースという設定をひとまず受け入れている自分に気付きます。本音ベースって、一体何でしょうか。何をどうすればいいのでしょう。

又吉さんの「不確かなものを凝視する時にも暗闇は役立つ」という見方、納得します。それはおそらく心にも通じる定義のように思います。「どうしたものか」とあやふやな心の中を泳いでいる雑念に付き合ってくれるのは、光の部分ではなく闇の部分で、だからこそ「心の闇」は煙たがるものではないはず。

テレビ番組や芸能人を論じるコラムを書くことが多いのでテレビをつけっぱなしにしていますが、プライベートを語る番組で「私ってこう見えて意外と……」というフレーズが聞こえると欠かさず画面に目をやります。それはたいてい、「週三回も焼き肉屋に行くんです」とか「休みの日はインドアなんです」といった代わり映えしない話なのですが、自分の見え方を管理しようと試みている瞬間とも思えて、まったく勝手ながら、芸能人のしんどさを感じてしまうのです。「今日は本音ベースで話しましょう」と言われた自分は「はい、そうですね」とひとまず返したわけですが、当然、心は閉ざしたまま。あちらの開放感との反比例にいたたまれなくなりました。

大勢の人の前に立つ、ものを言う。芸能人って、光と闇を自分で管轄しなければならない職業なのかなと邪推します。邪推したうえで、「大変そうだな」とテレビを眺めます。又吉さんが自分は根暗であると、ことさらに訴える場面に出くわしますが、あれはどういう意図なのか、「本音ベース」で教えてほしいです。意地悪な問い、すみません。

機嫌悪いわけじゃないよ

2016/10/20

面識のない宇宙人にどこかで出くわしたなら、もしかすると相手が武器を持っているかもしれないので、僕は取りあえず両手を左右に広げて少しだけ笑ってみようと思います。そういう対処の仕方は照れくさくて苦手ですが、早急に自分が相手に対して攻撃性を持っていないと主張しないと、はにかんでいるうちに殺されてしまう可能性があるので仕方ありません。とはいえ笑顔の状態で攻撃されたら精神的なダメージは計り知れないですけどね。

もちろん、「涼しくなってきましたね」などと会釈しながら何事もなかったかのようにすれ違うことが許されるならそうします。子供の頃から、黙っている時の僕の顔は無表情で、「機嫌が悪いのか?」と相手に警戒されることが多く、面識がないと尚更《なおさら》でした。笑顔は「笑顔」という概念がない生命体にも、筋肉が弛《し》緩《かん》していることさえ伝われば強張《こわば》っているよりは安心させることができると思うのです。触ったことがなくても、ぶつかるなら岩より毛布のほうが柔らかそうだという感覚です。でも、さすがに「爆笑」までいくとなにかしらの攻撃と見なされてしまうかもしれませんね。

僕が人前で自分のことを「暗い」と訴える理由ですが、「こいつ不機嫌だな」と警戒され、こちらが伝えたい言葉の響き方が変わってしまうことを避けたいのです。本当に僕の機嫌が悪いならそれでいいのですが、そんなことはほとんどありません。

「自分は暗い」と事前に伝えることによって、「この人は機嫌が悪いわけでも斜に構えているわけでもないのだ」と思っていただいたほうが、なにも伝えていない状況で誤解されるよりも、限られた時間のなかにおいては真実に近い状況を作ることができると考えています。チャンスも時間もたくさんあるなら、いったん誤解されて、時間をかけて誤解を解いて、自分がどんな人間なのか知ってもらえると、より自分の表現に無駄なものが付着せず、そのままの状態で伝えられるかもしれないと今回思いました。あと、バイト先なんかでも「暗い」と伝えておけば、忘年会で無理やり歌わされたりしないので楽ですよ。こっちのほうが本音ベースだったかもしれません。

（笑）の入れ方

2016/11/10

すみません、「（笑）」を捏造《ねつぞう》したことがあります。インタビューや対談記事の多くに登場する「（笑）」は原稿をまとめる人間のさじ加減で決まる不可思議な産物です。どれくらい笑ったら「（笑）」なのか、デシベル的な数値で基準が設けられているわけでもなく、わざわざ誤解を招く言い方を探せば、あれは「そろそろ欲しいなと思った時に入れるもの」なのです。

対話中の笑い声を「ワッハッハ」「フフフ」「フッ」の三段階に分けてみるとして、どこまでが「（笑）」を入れるレベルなのか、誰かと話し合ったことがありません。一切入れずにまとめる主義を貫く人もいるそうですが、自分はついつい入れてしまう。ココ、盛り上がったんですよ、と明示したくなるのです。

本当は「フッ」程度なのに入れる。本当は「ワッハッハ」なのに入れない。話者は、盛り上がった内容を覚えていたとしても、自分の笑い声の度合いまで覚えてはいない。ならば「（笑）」の取捨選択が実際の場に準じているとは限らず、ともすれば他者によって管理されている可能性がある。「盛り上がっていたはずだし、そろそろ入れとこう」程度で投入される「（笑）」が、話者のセンス・人間性として把握されてしまうかもしれない。

たとえば話者Aが「もう信じられませんよ（笑）」と笑った場合、それを受ける話者Bを「本当にそうですよね（笑）」と笑わせた可能性が捨てきれません。

この事例、恥ずかしながら自分が構成した対談の実例でして、話者Bは原稿を確認する際にその「（笑）」を取るように、と指示を出してきました。その場を記憶していたのか、もし記憶していなかったとしても、ここで素直に笑い返しているると思われるのが嫌だったのか。いずれにせよ、こちらが笑わせた事実に気付かれてしまったのです。

反省しようにも、どうも反省の仕方がわからない。わざわざ音声を聞き返して確認すると、「ワッハッハ」に対して「フッ」くらいは反応している。たちまち開き直る。話者Aだけが笑うよりいいじゃんかと、話者Bの笑いを捏造、いや、あれは少々盛っただけなんです。と、まだ反省しちゃいないのです。

リアルってなんや

2016/11/17

自分の発した言葉が誌面に掲載される時に、受け手のリアクションとして、「(笑)」があると、個人的には、嘘であっても盛り上がっている雰囲気が出て嬉しいです。対談にしろインタビューにしろ、実際の会話を文章化する人の能力がいかに重要かということは、雑誌などで自分の発した言葉が文章化されたものを読むとよくわかります。

以前、ピースとして取材を受けて話した内容が記事になったものを読んで驚いたことがあります。僕の言葉が完全な関東なまりになっていたのです。あまりにも僕が取材中に話さないので、誌面上そこに存在しないことになりかねないと危惧したライターが、相方が発した言葉を二等分し、その半分を僕が言ったような編集にしたのでしょうけれど、それは実際の雰囲気が反映されていませんし、事実と異なりすぎているので嫌でした。「又吉は一言も発することなく静かに微笑《ほほえ》んでいた」と説明を入れてくれるくらいがありがたいのですが、それはそれで我《わ》が儘《まま》だということも自覚しています。

一方で、僕の言葉を忠実に文字に起こしてくれている記事がたまにあるのですが、それだと妙に関西弁が目立ってしまったり、同じことを繰り返していたりで恥ずかしくなります。忠実に再現されているのに、「こうではなかった」と思ってしまうのです。そうなると、いかに違和を感じさせないインタビュー記事が自分の不備を補い読みやすく編集されていたのかがわかります。リアルってなんなのでしょう？　願望もあって自分の考えるリアルは実際よりも少し良いように見えているものなのでしょうか。購入した洋服を家で着てみて、「あれ？　試着した時はもっと似合っていたのに」と思うことがあります。洋服屋の鏡は少しだけ細く映るように作られているものがあるらしいのです。その偽りの自分は違和を感じず受け入れるくせに、自宅の鏡に映った現実の姿には「なにかおかしい」と感じる身勝手さ。「それがお前だよ」と言ってやりたくなります。自分にとって有益なものに対しては、たとえ事実と異なっていたとしても人は寛容になってしまうのでしょうか。

主観の操縦

2016/12/01

洋服屋に細く映る鏡があるらしいとは驚きです。ファストフード店などには、客に長居されないよう、座り心地が悪くなるように設計された椅子があると聞きます。自分のテーブルだけがガタついていると思いきや、おしなべてガタつかせている店もある。「運が悪い」と感じた誰かは、そのガタつきを店が策定している事実に辿り着かぬまま、自発的に店を出ていきます。

自分の行動や嗜好《しこう》をこっそり奪おうとする働きかけへの警戒心が強く、もちろん検索履歴などから編み出されたオススメ商品を素直には買いません。あなたにオススメの新譜が出ました、と表示されたので、電車を乗り継いで新宿まで買いに出かけました。つまらぬ抵抗ですが、身を任せたくないのです。

「本当にこれを買いたいのか。誰かに促されているだけではないのか」と懐疑的になるとおおよその消費欲が削られます。でも、その欲に素直に従い、自分のリアルな嗜好が知らぬ間に単色に染められるのが嫌なのです。

コンビニでは新商品を目線の高さに置くと言いますが、ならばこっちから目線を外してみる。でもそのうち、目線を外す奴らに向けた対策が練られ、あらゆる傾向の抽出にあらがうことが難儀になっていくはず。

自分の主観に侵入してくる企《たくら》みをいかに捌《さば》いていくか。おそらく書き手の意図とは異なりますが、こういう時に思い出すのは「自分の感受性くらい／自分で守れ／ばかものよ」という茨木のり子の詩の一節で、自分の感受に他者からの誘発が含まれているのならば、やっぱりそれを必死に掻《か》き出したいのです。

ざっくり言えば、今は、同調の場面でこれらが駆使されているけれど、そのうち（正しくない言葉遣いですが）同調しないっぷりというか、自分のようなひねくれ坊主をも統率しようと試みてくるはずで、こうなると万人の主観が操縦されていくかのようでまったく心地悪い。

「多くの方に珈琲《コーヒー》を楽しんでいただきたく、長時間のご利用はお控え下さい」と書かれたお店の、ガタつくテーブルでこれを書いています。誰にあらがっているのか今イチわからないんですが、負けないぞと高ぶっています。

えん

2016/12/08

自分の判断だと思っていることが誰かに操られているとしたら恐ろしいですね。僕も自分の言動は自らの意思によるものだと信じたいのですが、たまに自分で驚いてしまうことがあります。

子供の頃、父親の眉間に皺《しわ》を寄せる癖が、怒っているようにも、格好をつけているようにも見えて苦手だったのですが、その父の癖を僕は今まんまと受け継いでいます。遺伝や生理現象は仕方ないのでしょうか。

二年半ほど前にも少し奇妙な出来事がありました。多くの識者が集まり意見を交わすテレビ番組で、初めて加藤登紀子さんとご一緒した時のことです。

僕はアシスタントとして場に情報を提供する役割だったので特に持論を述べる機会はなかったのですが、トークの渦中にいた加藤さんが「又吉さんは、どう思ってるの？　あなたの意見が聞きたい」と突然おっしゃったのです。

僕が「なんで僕なんですか！」と言うと、スタジオは加藤さんの奔放さによって笑いに包まれたのですが、その日の帰路、自分の意見に興味を持ってくれた先輩に対して無礼だったのではないかと後悔に襲われ、一人でよく行くバーで少しだけ飲みました。

その時に店で流れたレコードがやけに胸に響き、思わず「これ誰ですか?」とマスターに聞くと、レナード・コーエンの『THE BEST OF』というレコードだと教えてくれました。付属の解説文に「太宰を思い出す」というような言葉があったので、それを伝えると「偶然ですね。でも音楽的に好きかなと思いまして」とマスターは言いました。

感動しながら解説を最後まで読んだところで、僕は我が目を疑いました。文末に「加藤登紀子」と署名があったのです。その解説を書いていたのが加藤さんだったのです。もちろん、その日にあった仕事のことはマスターに話していません。その店で僕が解説を読んだのも初めてでした。誰かが演出できる環境でもなく、ただの偶然に違いないのでしょうけれど、誰かに覗かれていないか店の外を少しだけ気にしてしまいました。

偶然ってどこから

2016/12/15

太宰治の「ダス・ゲマイネ」という作品に、人を「夜光虫」に例える描写が出てきます。「顔は雨に濡れて、月のように青く光った不思議な頬の色」をした絵描きの佐竹。そんな「夜光虫は私たちに一言の挨拶《あいさつ》もせず、溶けて崩れるようにへたへたと部屋の隅に寝そべった」と記されています。太宰作品を網羅的に読んできたわけでもないのですが、風刺と自虐が混じる、なぜだか印象深い作品です。特段、説明もなく、人を「夜光虫」と形容する。以前、大杉栄《さかえ》というアナキストの特集本を編集した折、加藤登紀子さんにじっくりと話を聞いたのですが、最後に、若い人たちは夜光虫のようなもの、と添えられました。

「夜光虫っていうのはぶつかったときしか光らない。みんな、集団の中で黙っておとなしくいたとしても、心の中では色々なものが溢《あふ》れているはず。きちんとぶつかって光を発すればいい。そのことを、大杉栄は教えてくれると思う」（『道の手帖　大杉栄』）と締めくくったのです。

夜のバーでレナード・コーエンを聞きながら、「太宰を思い出す」と記した加藤さんの言葉に出会った又吉さん。それは、光り出す前の、ぶつかる前の、夜光虫のようであったのかもしれません。又吉さんの偶然を聞き、自分の記憶の奥にしまわれていた二つの「夜光虫」もまた、偶然にも引っ張り出されました。

日々遭遇しているリアルには、圧倒的な偶然がいくつも入り込んできます。おそらくどんな人でも同じはず。その手の偶然って一体どこからやって来るのだろう、と思います。決してスピリチュアルな話ではなく、どこまでも具体的な話として。いつもの電車を一本遅らせたらあの人が乗っていた、という場合、遅らせた自分が作り出した偶然、腹を下して家を出られなかった自分が作り出した偶然、と言えるのではないか。

偶然とは誰かが導いた産物なのかもしれません。先述した二つの「夜光虫」の話も、又吉さんがバーに行き、その話を記さなければ思い出すことはありませんでした。大杉栄は、自我の大部分は他人の自我である、と述べましたが、少なくとも自我のいくらかは「偶然」に委ねられていると改めて感じました。

刺激と反応

2016/12/22

夜光虫というのはなにかの刺激に反応することによって光るのですね。創作も少し似た面があるかもしれません。

夜光虫が光りたくて刺激を求めることはおそらくないと思いますが、僕は光りたくてなにかに刺激をもらいにいくことが多々あります。それは、読書だったり音楽のライブだったりするのですが、エッセーを書くために、普段あまり足を運ばないような場所に行ったこともあります。

変装して渋谷のクラブに行き、レコードを流すＤＪの前で少しだけ踊ることに挑戦して、それをエッセーで書こうと思い実行したのですが、変装が甘かったのか、フロアの人混みを掻き分け最前線を目指している途中で、若者に「超、又吉じゃん！　ウケる！」と言われて心が折れてしまい、五分で外に出ました。想定していたものとは異なりましたが、なかなかの刺激でした。

また、刺激を与えることによってなにかが光るということもあるかもしれません。子供の頃、なぜ自分の家にだけサンタが来ないのか必死に考えたことがあります。辿り着いた仮説は煙突がないということでした。僕はクリスマスイブの日、窓を開けて眠ることにしました。真冬ですから、同じ部屋で寝ている二人の姉からは苦情が出ました。母は「窓は閉めていても鍵さえ開けていたらサンタは入れる」と現実的なことを言い、僕も納得しました。クリスマス当日には残念ながら、サンタからのプレゼントは届いていませんでしたが、その翌日、枕もとに茶色い紙袋に包まれたプレゼントが置かれていました。

なかに入っていたのはラジコンでした。僕が生まれて初めてもらったクリスマスプレゼントだったのですが、その茶色い紙袋にはマジックで「父より」としっかり書いてありました。

結局、僕の家にサンタは来てくれませんでしたが、窓を開けるという行動が両親に対する刺激になりプレゼントを呼び込みました。劇的なものではなくても、適度な刺激はあっていいと思います。

イケてる人

2017/01/12

適度な刺激、自分も常に欲しています。でも、刺激って、体感するまで度合いがわからないので、適度な刺激を確保するのって実に難しいものです。こういう時に頼るのが記憶。頭の中の奥まったところにある、思い出したくない記憶を引っ張り出して少々磨いてみると、ほどよく現在の自分に突き刺さります。「思い出したくない！」となる記憶が体を再通過する刺激って、好都合で付き合いやすいのです。

先日、久方ぶりに高校時代の同窓会へ出向きました。当時、イケてた人たちって今でもイケていて、そういう人たちが仕切る同窓会にはイケてる人たちばかりが揃《そろ》っている。その手の一人から「よかったら来れば」と誘われたのです。「行けたら行く」がおおむね行かないように、「よかったら来れば」って、「無理して来なくていいよ」なのかも、とは思ったものの、あえて無理して出かけることにしました。

武田は書く仕事をしているらしい、との曖昧な情報を得た面々から「先生、食べてくださいよ！」とベタついたポテトを配給される。〝適度な刺激〟が体を流れるなか、こちらの仕事の具体を少々知っている一人が、何かの賞をとったりしているらしい、ピースの又吉と手紙のやりとりをしているらしい、などの情報を付け足すと、彼らは口を揃えて「えー、俺たちのこと、書かないでよー！」とはしゃぐ。物を書く仕事をしていると、時折こう言われることがありますが、そう言ってくる人は漏れなく「イケてる人」なのです。

社会人になった彼らは、セールストークや接待トークを体得しているからか、持ち上げるのがうまくなっている。相手を気持ちよくさせる話法を知っているのです。当時、異性交遊と部活動をそれぞれ成就させていた彼らに対し、それぞれ成就させられなかった自分なりに面白エピソードを遡《さかのぼ》って放つと、「そういう経験が今のお前を作ったんだろうね」なんて返してくる。

「そっ、そうかなぁ」とはにかんだ自分を呪います。自分の記憶が保つ刺激にいつまでも頼りたいのに、どうやらイケてる人たちはそれをフラットにする技術を持ち始めている。大切な刺激が幾分治まってしまいました。

あいまいな記憶

2017/01/19

僕も同窓会で驚いたことがあります。中学の頃、自分がどんな存在だったのか記憶が曖昧な部分がありました。

芸人になりトークのテーマとして、「学生時代の輝かしい想い出」などは自慢話にしかならないので、ほとんどは失敗談を引き出すようなテーマが多く、それを連日のように何年も繰り返していると、自分の恥ずかしかった記憶や、情けない記憶ばかりが、古びることなく鮮明に磨かれ、良かった想い出などは発表の機会に恵まれず、徐々に記憶として衰退してしまうのです。

たとえば実際の記憶として、女子たちが回していた手紙を教室で偶然拾ったことがあり、その紙には「嫌いな男子」と書かれていて、男子の名前の横に「正」の字が並んでいました。みんなで投票したのでしょう。僕はクラスで二番目に嫌われていました。一番は僕からみても、一番に相応しい奴でした。

しかし、ここに記憶の改竄《かいざん》があったのではと大人になり疑ってみたのです。というのも、その紙を見た記憶はあるのに傷ついた記憶がないのです。ということは、ある種の思春期の照れ隠しで、それが本気の順位ではなく「嫌い」と言いやすいなどポジティブなニュアンスが含まれていたことに自分で気付いていたのでは？　その要素を剝ぎ取って自分は中学時代に人気がなかったということにしたのでは？　そう考えたのです。

もちろん、それに反発する「いや、お前は確実に嫌われていた」と戒める声も自身の内部から聞こえてきます。この相反する二つの気持ちが、ここ数年拮抗《きっこう》していたのです。

昨年、初めて中学の同窓会に出席しました。みんな僕の仕事を応援してくれているらしく、楽しい時間を過ごせました。ところが、一人の酔った女子が突然「あんたらせこいで！」と怒りだしました。その人は「私が中学時代に『又吉のこといい』って言うたら、あんたら『えっ、めっちゃキモいやん』って言うてたやん！」と一同の僕に対する優しい態度を攻撃し始めたのです。それに反論する人はおらず、多数決で記憶が確定されていくようでした。記憶を改竄しようとしていたのは僕自身でした。

最近評判悪いよ

2017/02/02

少し前にみうらじゅんさんにインタビューしたのですが、学校だったら毎日会えたけど、年に数回しか会わない大人と親友になるのは時間がかかるから、その日のうちに親友になるそう。安齋肇《あんざいはじめ》さんからは「すぐに親友だって言っているの胡散臭《うさんくさ》い」と指摘されたそうですが。

卒業アルバムでは「カッコイイ男子」や「面白い男子」といった残酷なランキング掲載がまかり通っていましたが、その逆方向の「キモい」「嫌い」の査定にしても、「毎日会う」という贅沢《ぜいたく》な条件がもたらしたものだとは思います。だからこそ重くのしかかるのですが、地道な活動によって「そんなにキモくない」との評価を勝ち取った者がいたものです。一方、新学期早々は大人気だった誰かが徐々に信頼を失い、秋口にはそうでもなくなった事例も記憶しています。

かつて上司から「お前、最近評判悪いよ」と言われたことがあります。その場で「誰からですか?」と聞き返せば良かったのですが、思わず硬直、どこから出たのかわからないまま。

学校ならば、何日間か席に座っていれば出どころが摑めそうですが、社会に出てから「評判悪い」と言われると、その発生源って探しにくい。後々、上司に尋ねても「そんなこと言ったっけ?」とはぐらかしてくる。その上司が自分のことを良く思っていなかった説が濃厚なのですが、ふと放たれた「評判悪い」を長年引きずることになりました。

人は、作品でも料理でも景色でも査定を繰り返しながら生きていますが、人は何かと、査定を誰かに伝えたくなります。しかし、断言するって危ういことです。先日、久々に会った友人女性に「武田さんに『ついにオマエも猫なんか飼う女になったか』って言われたの、根に持ってます」と告げられました。

そういった旨を告げたのは覚えているものの、「猫なんか飼う女」なんて失礼な言い方はしていないはず。でも彼女の中で補強された後に知らされると、いかなる釈明も効かない。次に会うのは半年後くらいでしょうから、さらに補強されるのでしょう。みうらさんのように「その日のうちに」という姿勢が大事なのかもしれません。特に大人は。

キスしたことある？

2017/02/09

「その日のうちに」という言葉から、中学時代のある夜のことを思い出しました。夜の公園で一人サッカーの練習をしていると、髪を金髪に染めた女性が自転車に乗ったまま僕に近づいてきました。ヒョウ柄のシャツに黒のロングスカートを合わせている姿は、当時の感覚ではどう見てもヤンキーでした。

女性は自転車を停《と》めると、「どこの中学？　何年？」と僕に話しかけてきました。「五中です。二年です」と答えると、「うそやん？　おない年やん！」と彼女が言いました。

「先輩やと思いました」と同学年であることを知った後も、敬語を使ってしまう自分を情けなく思いました。

彼女に「もう少し話したい」と誘われるまま公園内のベンチに移動すると、突然「キスしたことある？」と聞かれました。もちろん、そんな経験は一切なかったので、「まだないです」と答えました。

「ふふっ」と笑う彼女に、「えっ、あるんですか？」と尋ねると得意げにうなずいたので、思わず興奮してしまい「どんな状況やったんですか？」と聞いてしまってから少しだけ後悔しました。

しかし、彼女は機嫌を損ねることもなく事細かに状況を教えてくれました。その話を聞いているうちに僕は彼女のことが好きになり、今夜、自分は初めてキスをするかもしれないと期待し始めていました。

少し沈黙があった後、彼女は先輩から今日中に五千円集めてくるように命令されたけど、僕と話していたら楽しくなったと打ち明けました。僕は彼女を助けてあげたいと思い、彼女を公園に待たせたまま、自宅まで走り五百円玉だけを握って全力で公園まで戻りました。彼女は「めっちゃ足速いね！」と褒めてくれました。「明日、お金は返す」と約束して自転車で去る彼女を見送りながら、生まれて初めて恋人ができるかもしれないと期待していましたが、結局彼女は永遠に夜の公園には帰ってきませんでした。初めてキスした夜ではなく、僕が初めて女性にカツアゲされた夜の記憶です。

早生まれだけど学年は一緒

2017/02/16

それにしても私たちはいつまで「ってことは、小六の時に小三だったわけか」というアレを続けるのでしょう。相手が「そうですね」とうなずいた後、続く会話は特にありません。それなのに、つい投げかけてしまう。同じくして「えっ、うそ、同い年なの」との興奮もここまで持続するとは思いませんでしたし、あの興奮はまだまだ持続するのではないかと予測しています。

少し前に、「一発屋」と呼ばれるほどでもない、少々話題になってすぐに消えてしまった歌手のことを十数年ぶりに会話に盛り込むと、友人が「今、日本で彼女の話をしているのはオレたち二人だけではないか」と、みるみるうちに興奮していきました。

「星野源の話って、今この瞬間、たぶん、二十万人、いや五十万人くらいは話してるでしょ。それに比べて、こっちはオレたちだけだよ」と、とにかく嬉しそう。

無論、数値の論拠なんて一切持っていないのですが、その興奮を前にすると、確かに今この地球上で彼女の話題を持ち出しているのは自分たちだけではないかという気がしてくる。話題の希少性を互いに認め合ったところで、特段の意義が生じるわけでもない。でも彼は、この手の区分けを好むのです。

彼の口から何度「早生まれだけど、学年は一緒なんだよね」というアレを聞いたことでしょう。彼が私といる時に初めての誰かと会えば、漏れなくその説明をする。これまた聞かされる側にとっては「そうですか」とうなずく他ないのですが、彼は、この会話がそれ以上続かないとわかっているのに、繰り返してくる。言わなければ気が済まないという顔をしている。

テレビから「同い年だけど、芸人としては後輩」といったフレーズが聞こえてきます。テレビの前で私たちは「そっか、とにかくそっちが重視されるのか」と芸能界の慣習をスムーズに受け入れているものの、当然そこに実感はありません。例の彼は、「早生まれだけど学年は一緒の同期が、先に課長代理になった」と、いつものアレに、少々の嫉妬が混ざり込むようにもなりました。

一体、同い年って何なのでしょう。大切なのはわかりますが、大切さがまだわかりません。

松坂世代らしい

2017/03/02

武田さんのご指摘通り、僕の周囲でも「同い年」に過敏に反応する人はかなり多いです。僕自身この数日のあいだで「この人、同い年か」と思わず反応してしまい、「あっ、これは武田さんが書いてた現象だ」と気付いたことが何度もありました。嘘のようなタイミングですが、来月、昭和五十五年生まれが集まる会にも誘われました。参加資格は出席者による紹介だそうですが、その集団をつなぐのは同年齢という一点のみです。時間が合えば思いきって飛び込んでみようかと考えています。同年齢が現在どんな生活をしていて、自分と比べてどうなのか大雑把な目安が知りたいのでしょうけど、過ごしてきた日々や目指すものが異なるわけですから、無闇に年齢に拘泥《こうでい》してしまうのも妙ですよね。

僕は上の世代の人たちが何歳の時になにをしていたか、というのもなぜか気になってしまいます。時代は大きく変化しているので比較にならないとは思うのですが、それこそ居酒屋で、「さんまさんがビッグスリーって呼ばれだしたの三十歳からだって」などと誰かが言うたびに、その場に居合わせた芸人みんなで溜め息をつくというようなことが多々あります。

もっとも意識してしまうのは親の年齢です。父が今の僕と同じ三十六歳の時、僕は十一歳で、姉は十四歳と十五歳でした。もし自分がその年齢の子供を持つ親だとしたら？　と比較する必要などないのに一人で想像しては焦っています。

些細《ささい》なことで大変申し訳ないのですが、その時に決まって考えるのが、ビンの固いフタが開かなかったらどうしよう？という恐怖です。僕の家ではフタが開かない時は最終的には父が開けていました。父には開けられないフタがなかったのです。ビール瓶のフタをコインを使って開けたことさえありました。僕は同世代でもかなりの非力なので開けられないフタがたくさんあります。僕が父親になったら家族はビンの中に入っているノリやジャムが食べられない可能性があるのです。誰にでもこんな些細な恐怖はあるものでしょうか。

不便を残す

2017/03/09

誰も開けられなかった瓶のフタを開けた時の祝福ったらありません。それなりに図体《ずうたい》がデカいので、その役を任されることもありますが、今のところ、結果を出してきました。でも、あらゆる商品が消費者目線で改良を重ねている昨今、「いつまでたっても開けやすい瓶」が世を席巻していく気もしています。

昨年、専門家でもないのにＡＩ（人工知能）についてどう思うかとの取材を受け、話を逸らしているとの自覚を持ちながら、「便利を突き詰めるのではなく、もうちょっと、不便の中に置かれた誰かによる解消っぷりを愛《め》でませんか」と話しました。

高速道路の料金所はすっかり自動化が進みましたが、一昔前まではすべてが有人で、あそこで働くオッサンたちの巧みさに惚れ惚れしたものです。即座にお釣りを握り「この先、雪降ってるみたいだよ」などと一言添えてくる。オススメの蕎麦《そば》屋を聞けば、左に曲がって三個目の信号の角、と一秒で教えてくれる。時間が限られたなかでの、おのおのの機転が好きでした。

不便を残す、ということを頻繁に考えます。今、あらゆる場が「めっちゃ便利！」との賛辞に溢れています。それらを享受しつつも、同時に「また不便が減った」とも思う。不便って、解決するという選択だけでなく、放置や逃避という選択もあるはず。選択肢が豊富です。

極端な話をすると、ジャムの瓶を開けてもらったことで生まれた恋もあれば、ノリの瓶が開かなかったことで離縁を決めた事例もあるかもしれません。固くならない瓶では、物語が生じえません。全自動ではない料金所のオッサンの入れ知恵は、便利とは限らない。なぜなら、三個目の信号の角の蕎麦屋はちっとも美味しくなかったから。

でも、不便を解消する叡智《えいち》によって万事が研ぎ澄まされていくことに、警戒心を持ちます。不便を残したい。瓶が開かないと申し立てれば、開けやすく改良してくれそうな社会って、味方でしょうか。検索すると「どうしても開かない固い瓶のフタを簡単に開ける方法」が即座に出てきます。些細な恐怖がたちまち解消されていく。そのスムーズさにも恐怖を覚えます。

#「無駄」が楽しい

2017/03/16

なにもかも便利になることが人にとって快適とは限らないというのは大いに納得です。

世の中がせっかちになると、生活の速度が速まりすぎて息苦しく感じることが多々あります。僕は自転車を買ってもらうのが遅かったので、脚力が鍛えられたと思っています。不便によってもたらされるものを簡単に捨て去るのはもったいないないですよね。

不便なものと同様に無駄なものにも額面通りにはいかない魅力があると感じます。たとえば、「流しそうめん」は考えようによってはわざわざいったん流すという無駄な行為でしかないのですが、でも楽しいんです。もし「流しそうめん」がない世界で子供が思いつきで「流しそうめん」をやり始めたとしたら、同席している大人は高い確率で「やめなさい」と叱ると思うのですが、どこかで誰かがやり始めて文化として浸透させてくれたおかげで、大人も箸でそうめんを摑み損なうことが許されたのです。

流しそうめんにまで便利の波が押し寄せてくると、竹筒の下流から上流に水をあげて、そうめんが流れる速度をゆるめたり、ボタンを押すと竹筒に一定の間隔で壁が下から出てきて、そうめんを堰《せ》き止めるようなことが起こるかもしれなくて、そうなるとまったく面白くないのです。だから僕は無駄なことが好きです。そのうえで、本当になんの役にも立たない無駄なことを探してみたいと思います。

真っ先に思いつくのは、ズボンのバックポケットのボタンや、「雨嫌やなぁ」と誰かが言った時の、「でも雨が降らないと人は生きていけないからね」という返しの言葉。そんなことは百も承知のうえで、ただただ面倒くさい。あと、美容室での「かゆいところありませんか?」という問い。あったとしても、なぜか恥ずかしくて言えないのです。どうせなら、「歯がゆい思いで眠れぬ夜を過ごしたことはありませんか?」と聞いてほしい。どちらにせよ答えられないとは思いますが、その問いなら、一日の中でなにかを考える読点にはなりそうだと思ったりするのです。

マッサーヅマッツサージ

2017/03/23

二週間ほど台湾に滞在していたのですが、繁華街には数多《あまた》のマッサージ店が並び、日本人観光客向けに日本語表記でプランや値段などが表示されています。「マッサーヅ」と表記されているのを見て、最初のうちは「ジがヅになってる！」と突っ込んだものの、三度も繰り返せば、指摘すること自体に飽きてしまいます。

ある日、横文字の「マッサージ」を発見、大文字の「ツ」の位置をちょっとだけ下にずらして表記している店を見つけました。その貼り紙は剝がれかかっていたので、この店は何年も「それ違うし！」と思われてきたはず。

「ジ」と「ヅ」の違いならば指摘する人もいたでしょうが、「日本語には小さなツがあって、そこに貼ってあるマッサージのツはッ」と説明するのはなかなか難しい。何より、現状のままで伝わっているのです。

日々原稿を書いていると、「正しくは〇〇ですよ」「そんなことも知らないのか」といった、唐突なパトロールに取り締まられることが多々あります。いやもうその通り、とPC画面に向かって頭を下げたくもなるのですが、同時に「ほっとけよ」と静かに悪態をつき、投げやりになります。知らない誰かに正されることにやっぱり慣れません。ひねりのないことを言いますが、正すことって正しいのです。間違えるほうが悪いのです。

でも、長いあいだ放置されたマッサーヅやマツサージって、もはやマッサージだ、とも思うのです。正しく直したほうが良いのはわかる。しかしながら、まぁいいかそれで、と見逃され続けてきた蓄積を思うと、ツだけズラしたマツサージを「もうどっちでもいいよ」と許したくもなる。

美容室の「かゆいところありませんか?」って、どこか「マッサージ」的なところがあって自分は好きです。もはや「そんなの言えねーよ」から逃げ切り、「はいはい、またそれね」の境地に到達しているように思えるので。ふかわりょうさんの一言ネタ「もう荻原でも萩原でもどっちでもいいよ」に通じる、清々しい投げやりを感じます。昨今、正しさを求められすぎるので、「どっちでもいい」とか「ほっとけよ」といった投げやりの発生に、快感を覚えてしまいます。

「マタキチ」って呼ぶ人

2017/04/06

自分にとって無駄なものでも誰かにとっては価値のあるものだったりするので、完全に無駄なものを探すのは難しいですね。ただ「いまのなに?」と思わせてくれるからこそ、わざわざ書き残したくなるので、無駄なものがなくなるのも、それに引っかかる感覚がなくなるのも困ります。気付いたうえでの「まぁ、ええか」か、誰かに伝えてみるのが自分には合うようです。

最近は減りましたが、初めて取材するインタビュアーの方が僕のことを「マタキチさん」と呼ぶことがよくありました。そう呼ばれることには慣れていたので指摘しないのですが、たとえば野球ではとんでもない速度で投げられた球が数センチずれただけで、ストライクがボールに変わり試合の行方を左右します。

又吉が「マタキチ」でも通る世界と地続きで、数センチで勝敗が変わり、人々が感動し泣いたりする。もし、僕へのインタビューがオリンピック競技になったとしたら、マタヨシを「マタキチ」と呼ぶことは、野球でいうと投手が全然違うカタチの球を投げるくらい大きなズレでしょう。精密さも適当さも状況に応じて使い分け混乱せずに面白がることが、ほとんどの人はできています。これがいかなる状況でも精密さを求める人がいるとしんどいですし、常にゆるさを求める人がいても同じくしんどくなります。

と言いながら、自分の人生を振り返ると状況に適した選択をするのがかなり下手なのです。中学の体育祭で入場行進の際、モテている男子はダラダラ歩く傾向があったので、自分はダラダラしてはいけないと思い込みすぎた結果、誰よりも姿勢を正し軍人のように行進し、保護者たちから「あの子！　すごい！」と写真を撮られ、校長にまで褒められ目立ってしまいました。

極端なんです。自販機で珈琲を買うか紅茶を買うか自分では決めきれず同時に二つのボタンを押したことがあります。出てきた紅茶を手に持った瞬間、もう出てこなかった珈琲が愛しくなり、出てきた紅茶のことが憎くなっているんです。逆でも同じようなことになっていたと思います。とにかく下手なのです。

状況選択能力

2017/04/13

状況に適した選択をするのが下手、とのことですが、たまにイベントなどでお笑い芸人の方とご一緒すると、何より驚くのが、状況選択能力の高さです。いくつもの話が飛び散った状況にあるなか、一言二言投じるだけで、これまで積もった話を束ねて一気に笑いに変えてしまう。

話の腰の折り方が豪快なのです。アナタが思っているほどその話の行き先は面白くなさそうだよ、と見限る残酷さ。しかし、その残酷さが会場を沸かせます。確かに、そのまま続けていれば悲劇が訪れていたのです。

小説や映画では、のちの展開に影響してくる「伏線」が鍵となることが多いですが、芸人の話法って、話し終えた誰かの話を後々で引っ張り出し、「だからさっきお前は○○って言ってたのか！」と結びつけることも多い。そんな言葉はないはずですが、話の「伏線化」が巧みなのです。

トランプの「神経衰弱」をやると、多くの人は近々の二巡くらいにめくられた数値を必死に覚えますが、最初に一回だけめくられたトランプを、終盤になって「確かここに5が」とめくる人がいると驚嘆します。勝ち負けを放り出し、小さな感動に包まれる。芸人の会話って、あれと同様の劇的さを感じます。あの「5」をなぜ今ここで。その日の流れやエピソードを頭の中にすべてストックし、ここで出すべし、と頭の中から引っ張ってみせる。その残酷と劇的。

この数年来、苛立《いらだ》っていることがあって、日常会話でついつい嚙《か》んでしまった時、あたかも芸人同士の会話のように「あ、今、嚙んだ！」と突っ込まれること。芸人からの悪影響ですが、多くの芸人の場合、嚙んだから「嚙んだやろ！」と突っ込むのではなくて、この先の話に見通しが立たなかったり、「嚙んだ」以上に引っ張り出せるものがないと判断したりした時に「嚙んだやろ！」を選択している気がします。そればかりに頼っていて首を傾《かし》げる番組もありますが、あのツッコミって、少なくとも私たち素人が操れる「状況選択」ではないと思っています。

又吉さんは何人もの芸人、そして小説家と対話されてきたと思いますが、芸人の話法のみに感じる特性って何かありますか。

「フリ」

2017/04/20

なるほど、芸人特有の話法はたしかにあります。

これは、ありがたい問いかけです。ようやく僕が本領を発揮できる時がやって来ました。武田さん、ありがとうございます。僕は芸人として頼りないと思われがちですから、こういう芸人しか知らないような質問に鮮やかにお答えする機会がないかなと前々から思っていたのです。

僕は芸人になって十七年ですから、なかなか長いです。ほかの職種で十七年といえばベテランと呼ばれ始める人もいます。僕は、まだまだ修業中ですが十七年ですからね。十七年。ということは、あと三年で二十年ですよ。二十年。では、お答えします。芸人だけの話法。それは、「大きな声を出すこと」。

という回答は、わざわざ改まって発表するようなことではないですね。本当のところは、相当わざとらしく長々と書いてしまいましたが、本題や回答の前に付けた「フリ」と呼ばれるものです。これこそ芸人が重宝する話法だと思います。フリがあることによって、聞き手の目線が定まりやすくなります。今回は過剰でしたが、これだけ「すごいこと言うぞ」という雰囲気を最初から出しておけば、この後「ないです」と言えば、「ないんかい！」、些細なことを言えば「しょうもないねん！」と返ってきます。反対に明快に答えれば「あったんかい！」と返してもらえます。でもこれは、ツッコミという存在があっての話です。これだけフリを入れて答えた後、相手に「そうなんですね」と言われてしまえば最悪な状況になります。

そう考えるとツッコミこそ芸人特有の話法かもしれません。ここまでの文章をツッコミの前で読み上げたら、「フリすぎ！」「お礼とかいらんから！」「なんで自分の首絞めんねん」「そんなん、いらん！」「さっさと回答せぇ！」「二十年。あたり前のこと言うな！」「しょうもないねん！」と言ってくれると思います。

ちなみに、僕が好きなフリは、「もしかしたら、お前が言うなって言われるかもしれないですけど……」というものです。

さびしさを鳴らす

2017/05/11

ツッコミを誘い出すためのフリをいかに用意するか。もしかしたらコラムを書く時にも通じることなのかもしれません。いくつもの要素を並べておきながら、それらをすべては回収しなかったり、放ったまま最後に別の事案を出したりすることで「おかしみ」が生まれます。作為的なのか偶発的なのか、こっちが突っ込みたくなる余白が残されたコラムを面白く読みます。

綿矢りささんの小説『蹴りたい背中』の書き出しは「さびしさは鳴る。」です。初めて読んだ時、物語に一気に引き込まれたことを覚えていますが、この書き出しに対して、「さびしさは鳴らんやろ！」と突っ込んでも仕方がありません。マキタスポーツさんが『一億総ツッコミ時代』（槇田雄司名義）という本で書かれていましたが、すべてにツッコミを入れて優位に立とうとする世の中にあります。となると、さびしさを鳴らしたままでいられる世界って、もしかして、小説などの創作に限られてくるのかもしれません。

いや、でも、小説作品に対する評価ですら「こんなのありえない！」とのジャッジが広がっているような気もしています。TVドラマの世界では過剰な自主規制が働き、銀行強盗が逃げるシーンでシートベルトを締めてから発進、というような事案があるとかないとか。あれに似た評価軸です。

自分は物語を書く人間ではないので、物語を書く時に、読者からのツッコミをどれほど予測して書くのかはわかりません。常にその声を予測し、配慮しながら書くことなどないとは思うのですが、飛び交う声の量が大きくなっている事実はあるはず。

又吉さんは小説を書く際に、読者の常識や、そこから届く声ってものをどう捉えていますか。あまり気にしていない、だと予測しますが、屁理屈《へりくつ》を言えば、気にしないようにするって、ものすごく気にすることにもなるのかな、と。

二作目の小説執筆を追ったドキュメンタリーで又吉さんが「（読者に）わかりやすく書きたいなって考える」とつぶやいていたのが印象的でした。無論それは「さびしさは鳴らんやろ！」に迎合するわけではないと思いつつ、気になっています。

得意げに「意味わからん」と言う人もいるし

2017/05/18

小説を書くうえで、読者の声をどれくらい気にするかというと、「かなり気にすることにしている」というのが、現時点での僕の感覚です。作品の完成度と読者の称賛が必ずしも合致するとは限らず、読者の要望に応えても作品が面白くなる保証はなく、むしろ浅い内容になってしまうのでは？とも考えた末にです。

近年の純文学系文芸誌に発表され、それなりの評価を得ている小説が、仮に百万人に読まれたなら、ほとんどの小説が、多くの人から「意味わからん」という感想を持たれると僕は勝手に思っています。「意味わからん」は「面白くない」とは別なので、意味がわかれば「面白い」と感じる人も増えると信じたいですが、意味がわからない限り、読者の満足は得られません。

でも、読者としての僕はそれで結構です。手加減されたものより、作家の本気の難解な作品を、楽しく読みたいという欲求もあります。とはいえ僕の経験上、小説に対してそこまで協力的な読者は多くありません。

俗世を気にせず創作に打ち込める人は魅力的ですし、「常人には理解できない」という言葉もありますが、僕の場合は自分の作品の力で読者を獲得したのではなく、「芸人が小説を書いた」という興味が先行している特殊な状況なので、「意味わからん」が、そのまま「面白くない」と断定される可能性が高いのです。

そこで思いついたのが、まず全力で自分が愛せる作品を書き、そのうえで「その面白さを損なわないよう作品のレベルを上げつつ、多くの人が楽しめるものにしろ」と要求するという方法です。これが、僕にとって難易度が高い挑戦であり、言い訳も許されない自分の追い込み方です。「浅い」、「読みにくい」。どの感想も自分の責任です。発見みたいに書きましたが普通ですよね。

ちなみに、二作目の『劇場』の評判ですが、読書が好きな方は「前作より難しくなった」。あまり本を読まない方は「読みやすくなった」という相反する感想が返ってきています。良い傾向です。本好き二人、本をあまり読まない後輩二人、計四人。全員友達という、かなり不確かな情報であてにはなりませんが。

「でしょー」

2017/06/01

しょっちゅう通っている定食屋さんの味付けが異様に濃い気がした日があったので、「今日、しょっぱいっすね」と告げたら、どっしり構えたお店のママがニヤリと微笑みながら「でしょー」と返してきました。言葉の攻撃力をこんなに感じたこともありません。しょっぱい生姜《しょうが》焼き定食を時間をかけて完食しました。

その「でしょー」が頭に残ったまま受けたインタビューで「武田さんの文章は、正直わかりにくい部分もありますけれど……」と言われたのに対し、「でしょー」と返してみました。「けれど……」の後でフォローするはずだった先方は、ポカンと気の抜けた顔を向けたのでした。

しょっぱい生姜焼きを「でしょー」と言われながら食べる。文章にもこういうことがあってもいいと思います。定食屋が薄味への改善に励んだら、その定食屋らしさは損なわれます。世の潮流に合わせた味付けなんてしなくていい。「しょっぱい」との申し出に「でしょー」と返すほどの味を求めに出向くのです。

又吉さんは、読者に「読みにくい」との感想を持たせたら自分の責任、と書かれていましたが、自分はそうは思いません。読者のことを考えずに書かないなんて傲慢《ごうまん》、と言われたこともあるんですが、でも、「読みやすく書こう。こうすればわかってくれるでしょう」と思案する行為もまた、傲慢なのではないか、と感じてしまうのです。

でも、この姿勢には利点があって、又吉さんの言う、「言い訳も許されない自分の追い込み方」を遠ざけることができてしまう。わかってもらうために歩み寄らなくてもいいや、と考えていますが、それは「わからないままで構わないって言ってるぜ」に変化してしまいがち。そういうことじゃないのに……と日々思い悩みます。

又吉さんの新著『劇場』、面白く読みました。いくつも聞いてみたいことがありますが、ひとつに絞ってみます。長期間共に暮らしている男女。しない、も含めて、その性描写を一切入れなかったのはなぜなのかな、と。「多くの人が楽しめるものに」から来る配慮、ではないでしょうが、時折、不自然に感じました。別に、小説が読み手にとって自然である必要もないわけですが。

楽はしない

2017/06/08

しょっぱいと言われて「でしょー」と返せる定食屋さんのママは面白いですね。そのママはそれで素敵ですし、どこかのママが客に指摘された問題点を改善しようと努力するなら、それはそれで良くて、「自分持ってないな」とは思いません。

「読みやすく書こう。こうすればわかってくれるでしょう」と思案する行為はおっしゃる通り、傲慢ですし簡単な方法です。その方法なら不器用な僕でも苦労しなかったでしょう。僕が今回目指したのは、実現できたかは別として、世の潮流や同業者の常識に合わせず、自分が求める最良の文章を書き、なおかつそれが読みやすいものである、という状態だったため「理屈では言えても、実際には難しいよな」となっていたのです。

「わかってもらうために歩み寄らなくてもいいや」と思っていた本人でさえも、結局は試していないから、最良を求めながら歩み寄った先で、「わかってもらうために歩み寄らなくてもいいや」と思っていた地点よりも面白い表現に出会える可能性を否定できないのです。そこまで労力を使う必要はないと言う人がいるなら、僕が考える表現とは別ものです。

僕自身、「世に迎合すると鈍る」などと思っていたのですが、「迎合」という認識が間違いで、起爆するための条件と捉えたらどうか？というのが今回の姿勢でした。

そうしたところで、自分らしさが失われることはありません。自分らしさを演出しなければ保てない程度の自分なら、自分を助けてくれることもないので棄ててしまって問題ありません。

机の前まではそう考え、原稿に向かう時は語り手の永田（『劇場』の主人公の劇作家）の声に耳を傾けるので、性描写がない理由は、永田が語らなかったからですが、僕なりに推察すると、永田が重要ではないと判断したか、語りたくなかったからか。永田のような性格の人が、恋人との性的なことを語る状況があるとしたら、永田が人に見せる予定のない日記を書いているとか、誰かに無理やり語らされている状況でしょうか？　普通は神仏の前でも話しませんよね？　小説になると人物の性格はいったん忘れて語られるものですか？

俯瞰と起爆

2017/06/15

　前回の書簡の最後に『劇場』に性描写がないことを「時折、不自然に感じました」と書きましたが、実は、担当者に原稿を送る直前に「時折、」を書き加えています。又吉さんからの返事を読みながら、なぜ自分はギリギリになって「時折、」と入れたのだろうか、と自問自答しました。そう入れることで、ボカして伝える、との意図があったのかもしれません。

　言葉遊びかもしれませんが、不自然に感じる、とは自然の反対ではなく延長でもあります。人やモノを見て「これ、自然じゃない」と感じることはまったく自然なこと。耳を傾けたうえで、「自然に思えない」との体感があっていい。「不自然」って、自然と極めて近い可能性もある。

　あっちから歩いて来る人とすれ違う時に、体を避けようとする方向が何度も同じになってしまい、これはもうハグするしかないんじゃないかというほどの距離まで近づくことがあります。小説を読んでいると、その中の個人の振る舞いが自分とおおむね同じだからこそ、結果として合わない部分が体に残存することがあります。この人、自分みたい、と体を委ねたからこそ感じる不自然があります。

わかってもらうという感覚を、迎合という認識ではなく起爆するための条件と捉える、との又吉さんの考え方にうなずきつつ、自分は日頃それを持てていない、と感じます。何を書くにしても、普通や常識や一般なるものが茫漠《ぼうばく》とそびえ立つ。自分はまず、それを俯瞰《ふかん》しようと試みてしまう。人が行き交う渋谷のスクランブル交差点でいえば、周辺のビルの上から眺めるような姿勢。当然それでは、スクランブル交差点を行き交う人々の息づかいを感知する視点が抜け落ちてしまいます。あの交差点を歩く時に、俯瞰して歩く人はいない。目の前の人物の動きを見定めるはず。

俯瞰によって迎合を拒絶するあまり、起爆を取りこぼす。そんな自分の弱点に気付いているからこそ、小説の実作者に「時折、」と譲歩してしまったのか。俯瞰は時に自分の視野の狭さを流布します。そして、「普通」という主語を嫌がるくせに、その枠組みを設定しているのが自分であることにも困惑するのです。

「自然」と「不自然」

2017/06/22

今年の誕生日は福島県で迎えました。ロケが夕方に終わりホテルで寝ていたのですが、誕生日を迎える一時間前に目が覚めて落ち着かなくなり、持参していた太宰の文庫本を持って街を歩いてみようと思いました。しかし、太宰の文庫と真夜中の路上で誕生日を迎えることが、自分のコスプレをしているようで不自然に感じ、やっぱりおとなしく寝ようと思いましたが、今度は誕生日を迎える瞬間に冷静をよそおい無理やり寝るというのも、不自然に感じられました。

迷っていても時間は過ぎるだけなので、結局は本が読める店を探して歩くことにしました。

歩いているうちに路上で誕生日を迎え、しばらくして、見つけたバーに入り、短編を読みながら、お酒をいただきました。接客も絶妙で楽しい時間を過ごし、帰り際には、他のお客さんから「頑張ってください」と声をかけられ、勝手にお祝いされた気分になりました。

店員さんが外まで見送ってくれると、店の前にはタクシーが一台停まっていて、運転手さんは僕を見ると後部座席のドアを開けてくれました。

「車まで用意してくれるなんて、すごい店だな」と感心しタクシーに乗り込みドアが閉まると、店員さんが走ってきて慌てて窓をノックしました。「おみやげかな？」くらいに思って、窓を開けると、「こちらは、他のお客さまのタクシーです」と言われました。

なかなか恥ずかしい失敗をしました。「すみません！　僕は全然歩ける距離なので！」と言いながら、角まで走りました。

タクシーのドアがあまりにも自然に開いていたのです。「これ僕のですか？」と聞けば済んだのでしょうけど、それを聞くのって結構しらじらしくなりやすくて演技力がいるのです。

僕は自然と不自然が、毎秒反転しているように感じることが多くて、「なにげなさ」でさえも日常で際立った途端になにげなくない状態に思えてしまいます。僕の場合、「自然」だとか「不自然」だとかに囚《とら》われて迷っている状態こそを自然と思うしかないのだろうと思っています。

トリミング癖

2017/07/06

対談やインタビューをすると、しばらくしてから編集された原稿が送られてくるわけですが、「こいつ、また同じ言い回しを使ってんな」と自分の弁舌にあきれることがあります。おそらく、その現場では満足げに話していたはず。おまえ、それ何度目だよ、と自分を叱責《しっせき》します。

トリミング、という言葉を繰り返し使うのです。写真画像の一部だけを切り出す加工のことですが、これをとにかくいろんな場面で使い回す。小説家に対して、頭に浮かんだ情景をどのようにトリミングしているのかと問う。時事問題について語る時に、問題を好都合にトリミングして全体像であるかのように見せるな、と苦言を呈する。何でもかんでも「トリミング」を使い、分析を一丁前に仕立てている疑惑が浮上します。

そもそも、自分が見聞きしているものが、その全部である可能性は極めて低く、何かの断片を受容しているにすぎない。そもそもトリミングされているものなのです。「一から十まで」ではなく、「三から五まで」とか、「四と七だけ」とか、私たちは日々、そういう伝えられ方をする。トリミング状態こそ自然なのです。

でも、こちらの手癖である「トリミング」を使った質問をすると、お相手は、そうそうそう、よくぞ言ってくれた、と身を乗り出してくる。常日頃の思索に「トリミング」という言葉がフィットしている模様。目に映る、あるいは、頭の中にある思考の要らない部分を捨てて、いかに区切ってみせるか。ここには、ものを作る人のセンスが濃縮しているということなのでしょうか。

小説でもエッセーでも時事評論でも、そこに記した言葉に読者が共鳴してくれる。その共鳴って、図形で表すならば、□と□が完全一致したというわけではなく、△と▽を重ね合わせた時に合致する面積が大きい、といったくらいの感覚だと思っています。つまり、書き手と読み手、その相互のトリミングによって、焦点が定まってくる。

これまで、そうそう、と身を乗り出されることが多かったので、安直にそのまま又吉さんに問いかけてしまいます。文章を書く時に、情景や感情をトリミングしている感覚ってありますか。

削って語る

2017/07/13

トリミングという言葉を自分で使ったことはありませんでしたが、とても有効な言葉ですね。文章を書く時も話す時も「どこを切り取るか」は重要だと思います。同じ状況でもどこを切り取るかで変化しますね。

中学生の頃、友達三人と遊んでいる時に、僕のいたずらが原因で、パンチパーマの男性に怒鳴られたことがあります。逃げようと思いましたが、みんな足がすくんでしまい、僕に責任があるので一人で逃げるわけにもいかず、「クソガキ、今からお前の家行ったろか！　名前教えろ！」と言われ、「ごめんなさい」と謝ったのですが、なかなか怒りが収まらないようで、親に迷惑がかかるので名前を教えるわけにはいかないと思い、嘘で切り抜けようと考えたのですが、緊張しているので「佐藤」「鈴木」などいかにも偽名のような名字しか思い浮かばず、嘘が見抜かれるのも恐ろしくて正直に言うしかないと思い「又吉です」と答えたら、「そんな名前あんのかコラ！　ウソついとったらしばくぞ！」と結局怒鳴られてしまいました。

翌日、この話を学校でする時に、偽名で逃れようと考えた部分は丁寧に伝えようと心がけました。それ以降、そこを削ったことはありません。反対に今までずっと理由があって削っていたのが、本名を伝えたのに偽名を疑われた僕が、「名前でアウトや」とつぶやき友達が少し笑ったことです。笑うということは、男性はそこまで怒っていなかったのでは？という印象を与えるのが嫌だったのと、友達に「怒られたことを皆に知られたくないから秘密にしよう」と提案され、「お前おらんかったことにするから喋《しゃべ》らせて」という約束をしたからです。

大人になってからは、自分の「名前でアウトや」という鈍いセリフを公表するのが恥ずかしくて封印していました。その男性に入れ墨があったことなど細部を正確に伝えれば緊張感は保たれるかもしれません。

まだ切り取った部分があります。怒られた理由はエレベーターのボタンを僕が連打したことで、本当は一人で走って逃げたのですが友達が捕まり呼び戻されたことです。

池谷幸雄である必然性

2017/07/20

前にも書きましたが、こちらの仕事内容をうっすら知っている人から「ちょっとこの話書かないでよ〜」と、また言われました。この手の話が、書くに値する内容だったためしがありません。どんな物事にも例外がありますが、やっぱりこれには例外がないのです。でも、「自分が思っているほど相手に面白く思ってもらえない話」はいくらでも溢れているのだから、当然自分もその手の話を撒《ま》いてきたはず。

少し前に漫画家の大橋裕之さんとトークイベントをしたのですが、なんとなしに「初めて見た有名人」の話になり、大橋さんは地元にやって来たコロッケさん、武田はターミナル駅を歩いていた体操選手の池谷幸雄さんでした。大橋さんと自分に共通していたのは、その有名人との遭遇をどうやって友達に伝えるか苦心した点で、自分が絞り出した答えは「生で見ると違うぜ！」という一本槍《いっぽんやり》でした。

でもそれは今思えば「池谷幸雄である必然性」に欠ける話。たとえばその筋肉のディテールなどを伝えれば必然性も出たはずですが、その欠落に気付くことはなかった。でも、人間の話って、起承転結があるわけではなく、起だけで終わったり、承と転だけを見せたり、整理されていないもの。池谷幸雄に会ったぜ、だけでも良かったはず。「ちょっとこの話書かないでよ〜」と言ってくる人の話もまた一本槍で、話の構成要素が極めて少ない。でも、人の話ってそれでもいい。

話し方や文章の書き方のノウハウ本をしっかり読み込むことはありませんが、本屋さんでパラパラめくってみると、あたかもひな壇に揃う芸人さんのように、話のオチや機転が求められている。めくりながら、確かにそうだよね、とは思う。でもこればかり繰り返していると、要素が多く、流れがスムーズな話だけが面白い、になってしまう。

池谷幸雄がいた、との報告だけで盛り上がれたのは、あの頃の自分が未成熟だったわけではなく、むしろ物事を個々で咀嚼《そしゃく》する自由度があったからではないか。相手の話にレベルを求める現在の態度こそ、想像力も話力も文章力も衰えているのではないかと、時折、落ち込むのです。

パターン化された理屈

2017/08/01

話し方など好きなようにやればいいのですが、誰かに伝えなければならない状況が多すぎるのでしょう。そういうものが本当に嫌なら自分の居場所を変えると、現在でも脈絡のない面白い話し方をする人たちが生活しているところはたくさんあって、ほとんど独り言の応酬がされているだけの場所もあります。

友人が不思議そうにしていたので理由を聞くと、「なんで俺の言うてることわかんねん?」と言われたことがあります。日常的に誰かから、「なに言うてんの?」と指摘されていたのでしょう。文脈や文法の誤りにいちいち過剰に反応しなければ理解できますし、それはそれで楽しい。

時間の流れが早い環境にいると、思考や言動がパターン化してしまいます。移動でいうと、時間に余裕があれば駅まで新しい道を通ったりする。時間は余計にかかりますが、たまに発見があったりもする。でも遅刻が許されない日々の中では最短とされる道しか通らなくなり、それが常識になっていく。

「相手の話にレベルを求める現在の態度こそ、想像力も話力も文章力も衰えているのではないか……」という武田さんの言葉を読み、僕が最初に思い出したのは、毎日新聞の文芸時評（二〇一七年三月二十九日付）にあった田中和生の文章です。ある作家と僕の小説に触れた後、「いずれの主人公も、女性にもたれながら自分の世界を追求するが、ここには日本人が好きな『母子の濃密な情緒』（江藤淳『成熟と喪失』）が生きている。かつて江藤淳は、それが六〇年代に崩壊したと論じたが、だからそれは小説でしか成立しない安全な世界である」というもの。江藤淳は没後の世界を知らないから巻き込まれ事故になっていますが、こういったパターン化された理屈が鵜呑《うの》みにされた世界の中で旧時代の暮らしを余儀なくされた人物を描くことは決して安全ではないのです。

運動部はかつて「水を飲むな」と指導され、今は「水を飲め」と指導される。「昔は危険だったな」ではなく、一番危険なのは「水は飲んだほうがいい」という情報が入って来ていて、他の学校の部員は飲んでいるのに、自分たちは飲めない環境にいる部員です。彼等は世間から「水飲んだほうがいいのに」と馬鹿にされ、小説の中でしか生きられないお勉強家の評論家には「そんな奴は小説の中にしか存在しない」と揶揄されるのです。

接続の横柄さ

2017/08/08

あの人が昔ああやって言ってましたよ、との言及が、補足ではなく主体となる批評ほど、「安全」なものはありませんよね。又吉さんが言及されていた文芸時評の全文を読みましたが、「小説でしか成立しない安全な世界」との評定が、「だからそれは」の言葉で江藤淳『成熟と喪失』から直結しているのは強引に思えました。その本には「『成熟』するとはなにかを獲得することではなくて、喪失を確認すること」とあったなと都合よく思い出せば（実際には読み直しましたが）、時評の引用は、なにかを獲得するための引用で、ひとまず成熟してはいないようです。

持論を補強するために引用したり、アレとコレの接続の提示から論を組み立てたりする作業は自分も繰り返すことですが、ひとつの論拠と直接結びつけるだけで終わり、にならないように心がけます。「おまえはどう思う？」が問われているのに、「あの人がこう言ってました」は答えではないから。鋭い・鋭くない、ではなく、それだけじゃズルい、という感覚があります。

初めての本を出した時、批評家の誰それを通っていない、それゆえに認めない、的なレビューを見かけました。ダメならダメと言ってくれれば甘んじて受けるのですが、「通っていない」からダメと言われると、つい、「うるせぇよ」などと口が悪くもなる。おい新人、挨拶回り済んでないぞ、という気配を察知したので。でも、モノを書く、というのは、先輩の楽屋に挨拶し、自分と過去を接続することを条件にすべきではありません。

又吉さんが言う「パターン化された理屈が鵜呑みにされた世界」は書き手の眼前に用意され続けますね。このところ、雑誌やネットの特集記事への寄稿依頼として、「日本人として」や「2020年に向けて」という大きな枠組みでの依頼が混ざり込んでいて、警戒します。自分の言葉と特集とがどう接続されるか、そのイニシアチブがあちらに握られているから。自分の原稿が「これで日本がもっと元気に！」的な特集に吸い込まれそうになったことがありました。そんなつもりじゃなかったのに。江藤淳は巻き込まれ事故、とした又吉さんの疑義を読み、「接続の横柄さ」なんて言葉が浮かんでいます。

都合の良い接続

2017/08/15

久しぶりに会った人が妙に不機嫌だったりすると、どのタイミングで嫌われたんだろう？と不安になることがあります。

もしかしたら、自分の挨拶の声が小さくて聞こえていなかったのかもしれないと思い、その人の正面にまわって二度目の挨拶をしてみて反応をうかがうと、普段通りの挨拶を返してくれて「よかった」と安心することが多いのですが、それさえも誰かとの会話で流されてしまうと、いよいよこれはなにかあったに違いないと、気持ちが落ち着かなくなります。まずは自分の落ち度を考えるわけですが、思いつかない場合は、誰かが、「又吉があなたのこと〇〇って言ってたよ」などと誤解を招く言葉を伝えたのではないかと考えたりします。

「〇〇」の部分には、「やばい」「芸術家」「アホ」など使い方によって意味が大きく変化する言葉が入るのかもしれません。真相はわからないので、「誤解です」とこちらから訴えることもできず、不安が解消されることはない。結局は不機嫌に見えた人が急に親しげに話しかけてきたりして、思い違いだったかと安堵《あんど》することが過去に何度もありました。

「接続の横柄さ」という武田さんの言葉に触れて、たしかにそんなことは世の中に溢れていて、むしろ「誠実」と言い切れる接続のほうが珍しいのかもしれないと感じました。

電車から見える巨大な看板に、「あたたかさがテーマです」と書かれてあるのを見て、なんの広告だろうと思ったら、「○○火災」と会社名が記載されていました。火災保険を扱っている会社が、「火」を連想させる「あたたかさ」をテーマにしないほうが良いのではないかとか、他にも「無敵」という看板を掲げた予備校から腕にギプスをはめた若者が出て来たのを目撃して、「ボコボコにされとるやないか」と反応してしまったことがありますが、これはほとんど言い掛かりで、捉えようによっては「都合の良い接続」と言われてしまうかもしれません。「接続」できた瞬間の気持ち良さだけで突っ走ってしまうことが多いのですが（それが楽しいのですが）、検証が必要な状況も多々ありますね。

街に転がる決断

2017/08/22

街中で、これってどうなのよ、と首をかしげるキャッチコピーを見かけると、そのコピーに決まった最終会議の様子を想像します。一番偉い人が「よし、コレでいこう！」と意を決した場面で、「はっ、はい」や「そっ、そうですね」と、動揺しつつ賛同した部下がいたはずで、そういう人は、街を歩きながら、そのコピーを見かけるたびに、頭の中に残る「これじゃなかった」感と戦っているのかも、と知りもしない人に優しくなります。

なぜそれを選んだのか、との興味で街を歩くと、あちこちで身勝手に物語を広げてしまいます。たとえば、駅のトイレに貼ってある注意書き。あの手の注意書きには、パソコンにあらかじめ内蔵されているイラスト素材が添えられていることが多い。キレイに使うように伝えたり、ガムを捨てないでと注意を促したりするのを、なぜキリンに担当させたのか。さっき入ったトイレでは、「水漏れ注意」との文字に、「ちゃぶ台を囲む4人家族」というイラストが添えられて、当然、違うだろ、と突っ込むことになりました。

ちゃぶ台のイラストになったのは、誰かの決断があったからこそ。何のイラストにするかの会議があったとは思えませんが、テープが剝がれかかっているのを見ると、それなりの期間貼られたままだったようなので、このイラストを指摘する駅員はいなかったことになる。

自分は、野に咲く花などにさほど心を動かされないのですが、街に転がる「決断」にはとても積極的に心を動かします。火災保険の会社がキャッチコピーを「あたたかさがテーマです」に決めた後、他部署の若手あたりが「え、それって、燃えちゃってんじゃね？」とブツクサ漏らしたはず。もしかしたら彼は、勇気を出して上司に物申したかもしれない。

世の中に提示されている言葉はすべて、個人あるいは集団の決断によって確定したと考えると、そのすべてに、そこに至るまでの葛藤があって、それを身勝手に推察すると、割といろいろなことに寛容になれます。この原稿をファミレスで書いていますが、隣の隣から「最近、カナブンを許せるようになった」との会話が聞こえます。とても気になります。

会議の「流れ」

2017/09/05

充実感がある有意義な会議はやりがいがあっていいのですが、無駄の多い会議が苦手です。「会議とはこういうものだ」と無意識のうちに形式に縛られていることがあります。そもそも会議はなにかを決めたり、良い案を出すために行なうものであるはずなのに、それが良い案かどうかよりも、「流れ」のほうが重要視されることが多々あります。

極端な話をすると会議を開始して二分で良い案が出れば、それを採用して解散してもいいはずなのに、そうなることはほとんどなく、予定終了時間までは椅子に座って会議を続行しなければならない雰囲気が蔓延《まんえん》しています。

早くに決まりすぎると、サボっているような後ろめたさに襲われる感覚は僕も身に覚えがあるのですが、そんな時に自分も会議に支配されているなと思います。

会議によくある展開があります。まず一番の年長者かムードメーカー的な役割の人の近況報告を聞かなくてはなりません。それが一段落すると、案の不採用率が高い人が、「ちょっと、いいですか？」と考えてきたことを発表して、他の参加者たちからその提案の悪い部分を指摘されたりします。

それが終わると、ようやく、エース的な存在が発言して会議が本格的に動きだします。いつも、ここから始めればいいのにと思います。ムードメーカー的な役割のおかげで、会議が円滑に進んでいるということになっていますが、本当にそうでしょうか？

初めての参加者がいる場合は、そういうコミュニケーションも必要かと思いますが、似たようなメンバーで繰り返し行なっている会議でもこういう流れになってしまいます。

良い提案でも、会議開始直後だと却下されたり見送られたりすることがあります。一方で、それが後半だと採用されたりします。コンビのネタ合わせでも一緒で、夜の二十二時にまったく通りそうになかった案が、午前二時には、「それで行こう」となったりもするので、流れって大切だなと思います。

偏愛の屁

2017/09/12

「会議」というお題を人に投げると、総じて愉快な経験談が返ってきます。「会議をいかにスリムにするか」という会議を長時間繰り広げられた、との話があれば、会議で見直しを命じられた企画書を、日にちと書体だけを変えて再提出したら、「先週より良くなっている」と言われて通った、との話もあります。

出版社で編集者をやっていた頃、月に何度かは、出版企画の可否を決定する最終会議に出席し、企画のプレゼンをしていました。病院の待合室のように編集者が並び、「はい、次の人」と呼び出されると、そこには会社のお偉方が揃っています。先にプレゼンを終えた編集者を捕まえ、「今日どんな感じ？」と聞くのが恒例。「なんか良さげ」や「どんより気味」といった手短で曖昧な返答なのですが、その一言から察知すべきことがある。企画に魅力があるかどうかで決まるとはいえ、その日その時にしかない空気が確かにあるのです。

前の人の企画が紛糾した場合、自分がどう続くかが難しい。流れを無視して企画の魅力を伝えるべきなのでしょうが、「さっきのに比べれば面白そう」という消極的な承諾を引っ張り出すのも作戦ではある。そのためにも、その日の空気をあらかじめ掌握することが求められます。

会議のみならず、あらゆる判断において「全員がイイと思っているものよりも、誰か一人がイイと力強く信じるものを大事にすべし」とのテーゼがあります。ビジネス系のドキュメンタリー番組では、この手の英断が最たる盛り上がりとして使われるわけですが、実際には、力強く信じたものの「あの件については二度と聞かないでくれ」案件に沈んだものも多々あるはず。

「自分だけがイイと力強く信じる」を信じて採択されたものの、芳しくない結果に終わった本があります。ある時、先輩が「私たち、偏愛の屍《しかばね》、作っちゃってるのかな」とボソッと漏らしました。偏愛の屍、刺さるフレーズでした。でも、偏愛の屍は蘇生します。古本屋で「愛が暴走してんな」と感じる本を拾い上げるたび、屍が蘇生します。誰かがイイと力強く信じていた本が残ってるって、つくづく愛おしいなと、毎日のように思います。

ずるい

2017/09/19

偏愛によって産み落とされたアイデアや作品は、個人的な思い入れが強くなります。もちろん、それが世の中に受け入れられていくことは、とても嬉しいのですが、一方で「誰にも認められなくても自分だけは愛し続けよう」という揺るぎない気持ちもあります。不安と自信が入り交じった覚悟を持って発表するわけですが、そんな時に自分が思ってもみなかった反応が返ってくることがあります。たとえば、「ずるい！」という反応です。「ずるい」という言葉そのものが、とても「ずるい」と思うのです。

数年前にコントライブをやりました。「勝負」というと大袈裟《おおげさ》かもしれませんが、自分としては大失敗も起こりうる、それなりにリスクの高い表現を選んだつもりでした。心配していた結果は予想以上に好評だったので、勝負して良かったと思いました。そんな時に、ある知人からライブを肯定的に褒めながらではあったのですが、「ずるいよ！」と言われました。その後に続いた言葉は、「やっちゃいけないことなんてないんだなと思った」というものでした。その言葉には、「やろうと思えば、自分にもできていた」というニュアンスが含まれているような気がして、どうも引っかかるのです。「ずるいよ」と言われると、「じゃあ、あなたが先にやりなさいよ」と思うのです。それこそ、後から言うのは、ずるい。

以前、後輩芸人と何人かでボウリングをやっている時に、一人がストライクをとると、「えっ？　いいなぁ、俺もやーろおっと」と言った奴がいました。今までこいつはなにを目的としてやっていたのだろう？　そう思えて、つい笑ってしまったのですが、「ずるいよ」という言葉には、その後輩の言葉と同程度の違和感がありました。

もしかすると、僕に「ずるいよ」と言った知人も、ボウリングで誰かがストライクをとるたびに、「ずるいよ！　やっちゃいけないことなんてないんだな」と言っているのかもしれません。

可能なら、「その手があったか！」と言われてみたいです。

斬新と言われても

2017/10/03

インタビュー記事の紹介文などで「斬新な切り口のコラム」と紹介されることがあり、そのたびに「斬新」って一体何だろう、と腕組みします。今までになかったような文章だぜ、と自らプレゼンしたわけでもないのに、斬新と告げられる。ありきたり、と思われるよりはいいけれど、うん、これ、めっちゃ新しい、と評定されても、どうも喜べません。なぜだか褒められているようには感じられないのです。

斬新な切り口、とは言うけれど、切り口ってすべて斬新です。塞《ふさ》がれているところを切るのだから、おしなべて新しい。既に切られている口にそのまま入っていくのは凡庸ですが、誰かが投じた切り口はいつだって斬新なのです。屁理屈を続ければ、斬新には「斬る」が含まれていて、斬新な切り口を丁寧に説明すると、「新たに斬る切り口」のコラムということになり、「頭痛が痛い」みたいな感じにもなる。

「ずるいよ！」の後に「やっちゃいけないことなんてないんだなと思った」と添えた知人の発言に又吉さんが引っかかる気持ち、よくわかります。「そういう切り口があったか」にも、それと同様のものを感じるのです。世の「切り口」を掌握していて、おっ、今の斬新、うーん、今のは平凡、と判別していく誰かがいる。速度違反のドライバーを取り締まるために物陰に隠れている警察官のように、こちらが油断している時に、不意打ちでパトロールしてくるんです。

漫画の一コマで、何かをひらめいた状態を「頭の上で電球がピカッと光る」というイラストで伝えることがあります。あの描写の刷り込みなのか、「ひらめき」が神聖化されすぎているような気がしています。「ひらめき」もまた「斬新な切り口」と同じ感覚で扱われているのです。

ひらめきって、「ピカッ」を待つ行為ではないと思っています。頭の中はいつもものすごくごちゃごちゃしていて、埃《ほこり》をはらったり、土を掘り返したりしながら、さまざまな素材をぶつけ合ってようやくひらめきや切り口が生まれるのではないのか、と。

斬新と言われて喜ぶ前に、それ、長年溜め込んでようやく出てきたヤツだからね、とひとまず伝えたくなるのです。

悔しくてクワマン

2017/10/10

突然、ひらめきが降りてくるというよりも、それまでに積み重ねてきたものと、その瞬間そこにある要素がぶつかって、なにかが生まれるということのほうが事実ですよね。それをただの幸運と捉えてしまうと、嫉妬にも繋《つな》がっていくのかもしれないとも思いました。

以前、最後の最後に頼れることは自分のやってきたことなのだと考えさせられる出来事がありました。二つのチームに分かれて、お笑いのコーナーで競い合うというライブの司会を僕が務めた時に、モノマネを得意とする後輩が、チームのリーダーに抜擢《ばってき》されました。その後輩は、漫画『スラムダンク』の安西監督というキャラクターや、クワマン（桑野信義）さんのモノマネで笑いを取り大活躍でした。

そのライブは彼のチームが敗れてしまったのですが、彼は大仕事をやり遂げたという表情を浮かべていました。それを見て、僕も嬉しくなり良かれと思って、もう一度「おしかったね?」と彼にコメントを求めたのですが、それが思わぬ大事故を生んでしまいました。

「次回頑張ります!」など、そういう言葉でも充分に終われたのですが、この日の仕事を全力で終えた感動の最中にいた彼は急にコメントを求められたため、なにか咄嗟《とっさ》に面白いことを言わなければと焦ってしまい、その結果、一切モノマネをせずに「悔しくてクワマン」と謎の言葉をつぶやいたのです。

おそらく、一瞬のあいだにいろんなことを考えたのだと思います。「悔しい」という感情は表明したかっただろうし、このライブで彼が笑いを取り続けたクワマンさんのモノマネを披露して、笑いも取りたかったのでしょう。そのさまざまな要素が頭の中で複雑に絡まり合い、まとまらないまま、モノマネをせずに「悔しくてクワマン」と未完成のメモのような言葉を発してしまったのです。

お客さんは、「なに言ってんだ?」という顔をしていましたが、同じ舞台に立つ人間として僕にはどのような状況でその言葉が出てきたのかが痛いほどわかり、丁寧にその言葉が生まれた流れをお客さんに説明しました。

スリジャヤワルダナプラコッテ

2017/10/17

部屋に本と書類が溢れ、毎日のように雪崩《なだれ》を起こすようになったこともあり、家の近くに仕事部屋を借りたのですが、小学校の校庭に隣接しており、登下校時や休み時間に彼らの叫び声がしきりに耳に入ってきます。

ある日、「スリジャヤワルダナプラコッテ！　スリジャヤワルダナプラコッテ！」と連呼する声が聞こえました。スリランカの首都です。自分も彼らくらいの頃に友達と連呼していた、懐かしい響きです。

授業で習ったのか、教科書の隅っこに見つけたのかは記憶にありませんが、たちまち大ブーム到来。最初はただ連呼するだけで満足していたものの、しばらくすると『ドラゴンボール』の「か〜め〜は〜め〜波！」に倣《なら》い、「スリジャヤ〜ワルダナ〜プラコッテ！」と叫ぶようになりました。長い名前だからこそ流行ったというのに、そのうち「プラコッテ！」に、そして「コッテ！」と、どんどん短縮されていき、「コッテ！」が馴染んだ後、連呼するブームは静かに終わったのでした。

校庭で連呼されているスリランカの首都。下校中の彼らと自分は二十五歳くらい歳が離れているはず。彼らの親や教師がわざわざ伝承したとは思えないし、その長ったらしい首都名に自主的にハマったのではないか。

「ジャ」「ダナ」と濁音が続いた後に「プラ」と半濁音が来る。そして「コッテ」の促音「ッ」でいったん詰まり、「テ！」で解放する。気持ちいい。ロングセラーの商品名には半濁音が含まれるものが多いそうですが、メーカーは新商品を「プラコッテ」と名付けるべきだと思います。あの響きは、多くの小中学生が通ってきたはずだから。

調べてみると、英語表記では「Sri Jayawardenepura Kotte」になるそう。つまり、カタカナ表記では「スリ・ジャヤワルダナプラ・コッテ」となる。納得できません。かめはめ波に応用できたのは、スリジャヤ・ワルダナ・プラコッテという均等配分があったからこそ。又吉さんが聞いた「悔しくてクワマン」って、響きが気持ちいいですよね。その話を読んだ後に彼らの叫び声を拾い、校庭に散らかる自由な言葉がうらやましくなったのです。

初体験

2017/10/24

小学一年生の頃、教室を移動して六年生と一緒に給食を食べる日がありました。僕の隣に座った六年の男子生徒が、僕が牛乳を飲むたびに耳もとで、「ボヘミア〜ン」とささやくので、僕は何度も牛乳を口から噴き出してしまいました。僕が誰よりもよく笑うので、ターゲットにされたようでした。なぜか「ボヘミア〜ン」という響きの魔力から抜け出せずにいました。誰かに意図的に笑わされた人生最初の記憶です。

一人で初めて電車に乗った時のことも忘れられません。当時大人気だった『ドラゴンボール』の下敷きがどうしても欲しくて、自分が住んでいた街から電車に十五分ほど乗った街にアニメグッズを販売している専門店があり、そこに買いに行こうと考えました。もちろん親と一緒に乗った経験はありましたが、三年生だった僕は一人で電車に乗ったことはありません。切符を買いホームで電車を待ちました。

「普通」「準急」「急行」と三種類の電車が順番にホームに入って来ました。そのたびに、僕は「これじゃない」と電車を見送りました。目的の駅で電車が止まらないかもしれないと思うと怖くてなかなか決心がつかなかったのです。一時間近く、電車を見送り、「これだ！」と思った電車にようやく乗り込みました。後から思うと、目的地は僕の地元よりも大きな街なので、どの電車でも止まるのですが、そんなことはわかりませんでした。下敷きを買えた喜びと電車に一人で乗れた達成感で特別な一日になりました。

初めて芸人として漫才のスタンドマイクの前に相方と立った時は、相方と肩を激しくぶつけ合いながらネタを終えました。終わった後、「なんで押してくんねん？」と相方に言うと、「お前じゃ！」と言い返されました。お互いがマイクの正面に立とうとしてしまったのだと思います。数年後、その時の映像を見ると前半からずっとお互いに肩をぶつけ合っていて不思議な漫才になっていました。

初めてなにかを経験するのは失敗することも多いのですが、刺激的で好きです。

「面白い」を探す

2017/11/07

自分にとって初めての体験でも他人にとってそうではない事柄について、書いたり話したりするのは難儀なものです。たとえば先日初めて検診でバリウムを飲みましたが、「初めてバリウムを飲んで大変だった話」はなかなか面白い展開には至りません。ゲップを抑えるのが大変でさ、と何人かに話しかけ、周囲に広がる冷淡で適当な首肯に気付けなくなったら、それはこの仕事を辞める時かもしれません。

日々暮らしていると、初めて体験する出来事や突飛な出来事が次々とやって来ますが、その出来事の詳細を聞かされる側にとっては、少しも新しくないかもしれない。身辺雑記に近いエッセーを書く時、その可能性を考えつつ書くわけで、結果的に自分の体験の中から、面白いと思ってもらえそうな「初」や「突飛」を慎重に抽出することになります。

「面白いと思ってもらえそう」との感覚ってなかなかデリケートですが、このデリケートさが欠けると、どんな体験も緩慢に伝達してしまうし、逆に刺激的に話しすぎても「この人、話を盛ってるな」と疑いをかけられ、対話がぎこちなくなります。

でも、「面白いと思ってもらえそう」だけを抽出して日々の生活を人に伝えるって、そもそも奇妙です。この店でラーメン食べるの五十回目くらい、という昨日の夜など、人に伝えるべき出来事はありません。こうして、「人の感情を少しも揺さぶることができないであろうと判断した出来事」が日々、大量に生まれては死んでいくわけですが、この手の普通の話を削ぎ落とし、使える素材だけ抽出するべきなのか、それって作為的すぎないか、書くたびに悩みます。

相手の反応を予測しすぎるのは良くないと思いつつも、かといって、考えないのも良くない。ヘッドホンをしながら駅に向かって歩く途中、今ならオナラをしても聞こえまいと放屁《ほうひ》し、そうか、聞こえていないのは自分だけじゃないか、と気付いたのが今日の昼。とても面白い出来事だったのですが、どこかで聞いた話のような気もする。又吉さんは、話す時、書く時、「これはオリジナルなものなのか」という観点と、どのように付き合っていますか。

好きなようにやる

2017/11/14

学生時代、好きな人に緊張しながら電話をかけて「どうか本人が出ますように。間違っても、お父さんが出ませんように」と祈っていたという話を同世代の人から何度も聞いたことがあります。そのたびに、懐かしさを感じながら、「もう飽きたわ」というより、「待ってました」と感じます。自分の記憶に結びつけて個人的に楽しめるからでしょう。

僕は学生時代、好きな女性に電話をする時、会話がなくならないか不安だったので、自分が面白いと思える話を最低でも五つは紙に書いて準備し、それを自然を装って話していました。すると必ず話のオチでは笑ってもらえるのですが、どうも全体的に盛り上がらないのです。自分の技術と才能がないというのもあるのでしょうけれど、どうやらそれだけでもなさそうなんです。

強がるつもりはありませんが、恋愛感情のない異性の友達だと、なんの準備もしていないのにうまく話せて自分も友達もずっと笑っていられるのです。その片想いの対象や友達が別の人に変わってもそうなることが多いので、相性だけの問題でもなさそうです。

まさか、好きな人に対して勝手に全力の漫談ぶちこんどいて、あんまり盛り上がらなかったからといって、「こいつセンスないな」とは思えません。電話を切った後に、ちゃんと傷つきます。

気をつけないといけないのは、自分の「面白い」が誰かにとっては特に面白くない可能性があるということです。相手は昨日放送されたドラマや美味しいお菓子についてなど、ありきたりな話を欲しているかもしれません。だから、僕はいまだに好きな人を笑わすことができなかったりします。

なにかを表現するうえで信じられることは、自分に発言する場や、文章を書く場が与えられているということだけです。だから、文章は自分が書きたいように書きます。それが読者の日常や記憶に接続できればと思うこともあれば、自分で作品として完結させたい時もあります。場が与えられている限り、すべて自分の好きなようにやります。つまらなければ表現する場は奪われるはずですし、そういう世界であってほしいと願っています。

「好き」が揺れ動く

2017/11/21

このところ、政治の世界で「印象操作」という言葉がしきりに使われています。ある事案に反対する時、推し進めている側の矛盾点を突くと、印象操作だ、と返すのです。あるいは、中立公正ではない、偏向している、と指摘される場面も増えました。言葉尻を捕らえてしまう性格なので、印象を操作していない言動なんて一体どこにあるのか、と思います。すべての言動は偏っていて恣意《しい》的ではないのか、と。

大学には真面目に通わず、経済学部の基礎授業に出たのは最初の数カ月だけだったのですが、そこで覚えた「機会費用」という言葉の意味を、いまだにさまざまな場面で頭によぎらせます。機会費用とは、「与えられた条件の中から選択した時に、残された選択の中で最善のものが持っている価値」のこと。まどろっこしいので簡略化すると、選ばれなかった中で一番良さげなヤツの価値、のことです。

言葉でも旅先でも食事でも、何かを選択したら、選択されなかった候補が積もっていきます。極端に言えば、コーヒーを飲んだら、冷蔵庫でファンタが泣いています。ファンタを泣かしたのは、コーヒーを飲んでいる自分です。

人は常に選択をしている。選択し、印象を操作している。佐藤からの電話には出るが、伊藤からの電話に出ないのは、伊藤より佐藤を優先しているから。でも、それをそのまま伝えると殺伐とするので、そうならないように配慮します。やっぱり、印象を操作しようとします。

あるミュージシャンにインタビューした時、レビューに「等身大の〜」と書かれるのが腹立たしいと言っていました。なぜって、自分が自分の「等身」を理解していないのだから、と。その困惑がわかります。好きなようにやる、自分の書きたいように書く、という意識ではいるものの、「好き」自体が揺れ動く。

揺れを最小限にするために、自分の周囲で固まった「面白い」の価値にすがりたくなる。自分の判断のそばに、それ以外の判断がいくつもあり、常に誘惑してくる。いくつもの選択肢が目の前に並んでいて、「自分の好きなようにやる」が、常にその誘惑に負けそうになるんです。

迷う

2017/12/05

生きていると、日々の生活の中で選択を迫られる瞬間がいくつもあって、そのたびに自分自身も迷うのですが、人から相談されて答えを求められた時に迷った姿を見せると相手が動揺したり、傷ついたりするような状況があります。「俺、大丈夫かな?」と聞かれて、「うーん、多分」とか、「どの程度を大丈夫とするかによるけど、まぁ大丈夫」などと答えると、相手はネガティブな印象を持ってしまいます。相談している対象が直面する問題を乗り越えるために勇気が必要な場合は、答えが事実かどうかよりも力になりそうな、なにかのヒントになりそうな言葉をかけたいとは思いますが、僕自身も正解はわかりません。

雑誌の取材で、「どうやって面白い発想を生んでいますか?」と聞かれた時なども、そもそも僕の発想が面白いという前提で話が進んでしまうことに引っかかる読者がたくさんいるだろうけど、そこは無視していいのか?とも思い、文字で伝わるのか不安はあっても、その質問に答えながら、読者が納得してくれそうな自分なりの発想を添えようと試みることもあります。

「機会費用」という言葉はいろんなことを想像させてくれますね。同じ空間にいる複数の人物の機会費用を、それぞれ比較すると差が出てしまう。その機会費用が明確に表示される世界じゃなくて良かったです。自分よりも圧倒的に機会費用が高い人と会話をする時、申し訳なくて早口になってしまうかもしれません。

「自分の判断のそばに、それ以外の判断がいくつもあり、常に誘惑してくる」という武田さんの言葉は真理だと思います。そうでなければならないと思います。迷っている状態は、腹筋で例えると筋力がプルプルと震える途中のもっともきつい状態です。その瞬間、最善を選べているかは別として、その姿勢が最善を選択できる確率を上げていくのではないでしょうか。すべての正解を知っているような話し方をする人を基本的には信用しません。そういえば、なぜか母が嫌がる言葉が二つだけあって、ひとつは「殺す」で、もうひとつが「絶対」でした。

イイ感じに思われる

2017/12/12

今、事あるごとにＳＮＳの効果が謳《うた》われることもあってか、個人の「影響力」という言葉が良さげに飛び交っています。影響力の有無について論議する場を見かけると、どうも見ているこちらが恥ずかしくなってきます。ツイッターのフォロワー数を増やすためにはこういうことをつぶやいたほうがいい、共感を呼ぶためにはこんな妄想ツイートがウケる、時には炎上してでも多少の顰蹙《ひんしゅく》は買ったほうがいい、とアドバイスする人たちがそこかしこにいます。

すべての正解を知っているような話し方をする人を基本的に信用しない、との又吉さんの話に勝手に付け加えてしまうと、人は頻繁に、もしかして自分はこの事柄についての正解を知っているのではないか、との思いに駆られます。でも、人に伝える時には、これが正解とは限らないけれど、と譲歩しがち。

それが流行語にもなった「忖度《そんたく》」を生むことも多いわけですが、むしろ、これが正解です、と宣言し、押し付けるように影響力を行使する場面が、やたらと増えてきたような気がするのです。

こういうことを言えば賛同してくれるに違いない、で、実際に言ってみたら、ほら、賛同してくれた、共感してくれた、拡散してくれた……その方程式によって効率が示されたとしても、その個人の思索は一向に示されていないと感じてしまいます。

自分はアナタが考えていることを知りたいのに、こうするとイイ感じに思われるよ、とレクチャーされると、ぐったりします。ぐったりした後で、矢継ぎ早に注がれた言葉を振り返ってみると「……べきだよ」「……しておけばいい」「……がベスト」という指南の連発。指南はありがたいのですが、賛同を得るために自分の考えを変えたくないのです。世の空気を察知して順応すればするほど、影響力が獲得できる、と帰着する働きがおしなべて苦手です。

同業者というか、文章を書く人が、どうすれば影響力を持てるか、みたいな議論を交わしている姿を頻繁に見かけます。アナタの効率的な戦略ではなく、アナタが煮込んでいる思索を知りたい、と思ってしまいます。

結局、自分で考える

2017/12/19

小学生の時、サッカークラブのコーチが、「自分のことを上手いと思うか？」と問いました。みな「上手いと思いません」とか、「下手です」と謙虚に答えていきました。チームのエースも「下手です」と答えました。コーチがこの質問の後に語りたい内容をなんとなく察知して空気を読んでいたのかもしれません。

僕はギリギリ試合に出られるくらいのレベルだったので、その時間が苦痛でした。自分のことを下手だとわかっているのに、ここでなぜ改めて宣言しなければならないのか。とても惨めに思えました。自分が答えるまでの短い時間でいろんなことを考えました。本当に実力不足の自分が「下手」だと言葉にすることで、それが揺るぎないものになってしまうのではないか。

僕なりに必死で考えた末に、「下手だとは思いません」と答えました。誰もが耳を疑ったと思います。そう答えたのは僕だけでした。自分はこんなものではない、と信じたかったのと、全体の流れに逆らってでも前向きな言葉を発することで、「お前は気持ちで負けていない」とコーチから救いの言葉があるのではという期待もありました。褒められるかもしれないというせこい考えも少しあったかもしれません。

しかし、全員の返答を聞いたコーチは「今、自分のことを下手だと言った奴は伸びる」と言いました。かなり恥ずかしい状況でした。コーチの考えに従うと僕は伸びないのです。それ以降、コーチを否定することでしか自分は生き残れないと思い、コーチの言葉を聞かず、その呪いから逃れるために練習に打ち込みました。その後のチームメートを客観的に見るとコーチの予言はまったく当たりませんでした。コーチの思惑から外れて見当違いの回答をした僕が、おそらくコーチがみんなに求めたかった努力に向かっていったことが不思議です。

誰かから与えられる思考や言葉は形としてそこにあったとしても、自分の日常や思考と響き合うことで、より明確になったり、また違う思索を生み出したりすることが面白いと感じます。その人の人生ありきの名言が多いのもそういうことなのかもしれません。

終わらせ方って難しい

2018/01/16

こちらから又吉さんに送る書簡は今回で最後なのですが、これで終わらせると決め込んだ手紙を書いた経験がないもので、戸惑います。それに、ある程度の方々が、ほら、今回で終わりかと観察している状態で、終わりです、と告げるって難儀です。終わらせ方が見当たりません。

好視聴率のドラマでは、一週間前から「いよいよ最終回！」との告知が繰り返されますが、さほど視聴率が芳《かんば》しくない番組では、残り二十秒くらいになって、ようやく、「さて、この番組ですが、今回で最終回ということになりました」と切り出し、またの機会などないと顔の表情で知らせつつ、「またの機会にお会いしましょう！」とうやむやに宣言することがあります。あの空気が好きです。まったく、視聴者の勝手なのですが、切実さを感知します。終わりになっちゃった、という状態を、「終わります」と主体的に切り替えて振り切る感じ。

終わらせ方って難しい。登場人物のその後を一気に整理するかのように、エンドロールの後に「三年後……」とのテロップが出る映画があります。結婚したのかよ。海外赴任すんのかよ。と、猛スピードで「その後」を詰め込んでくる。終わらせ方のギアチェンジに翻弄《ほんろう》され、置いていかれます。

この書簡を始める前、又吉さんに一度だけお会いして、どういうテーマになるんでしょう、との話になり、どうしましょうかね、と何度か口に出してみたものの、出しっぱなしになりました。どこからともなく、日々感じている違和感についていて、ですかね、との曖昧なテーマが浮かび上がりました。その曖昧さに違和感を残したまま始まりました。で、そのままにしてみたところ、違和感を積もらせてきた記憶と、積もらせている現在を報告し合うような、違和感を嗜《たしな》むやりとりが続きました。

はっきりしない感じ、うやむやな感じが残っているのを「気持ちいい」と判別する自分には、又吉さんの記憶の残り方を体感するのは、心地よいものでした。思考の回路の豊かさを知るのは、どうやら自分でさえもその回路を把握できない、と気付いた時で、それを確かめる機会になりました。楽しく困惑できました。

「終わり」にも続きがある

2018/01/23

出演していたテレビのレギュラー番組が終わることを、番組の演出や自分のマネージャーではなく、番組に直接は関わっていないはずの芸人や構成作家から、「あれ終わるんだって？」と聞かされることが何度かありました。そんな時、どのような反応をすればいいのか困ってしまいます。

正直に、「えっ、そうなんですか？」と言えたらいいのですが、咄嗟に、「……みたいですね」などと、知っていたかのような雰囲気を出してしまいます。制作側が一番良いタイミングで演者に伝えようと配慮した結果、出演者は知らずに、周りの人は知っているという状況が生まれるのですが、番組が終わるという情報を聞いた人からすれば、まさか出演者が知らないはずはないと思っているため、こういうことが多々起こるのです。

番組が終わる時は花束をいただくことが多く、その花束を持ったまま食事に行くと、なにかめでたいことがあったと勘違いされて、「いいですね、どうしたんですか？」と聞かれて複雑な心境になることもありました。

一時期、立て続けに番組が終わり部屋中に花束が並んだこともあり、その時は不安で仕方なかったです。仕事がなくなるということは、時間が空くということだから、ネタを作ったり文章を書く時間ができて、そこで作ったものを発表して、それが良ければまた仕事が増えて、駄目だったら作る時間が永遠にある。そのように考えていたのですが、実際に一気に仕事が終わることで、こんなにも不安になるのかと驚きもしました。

そんな経験があるからか、最初から期限があるものとはわかっていたのに、この往復書簡が終わるとなると、心がざわつきます。武田さんとやりとりできて良かったと思うのは、自分が考えついたことは終点ではなく、ほとんどの場合に続きや、別の可能性があるとわかったことです。経験や少しの知識で反応するのは仕方ないにしても、その後さらに考えて辿り着いた答えらしきものさえも、まだ疑えるということを改めて教えていただきました。楽しかったです。

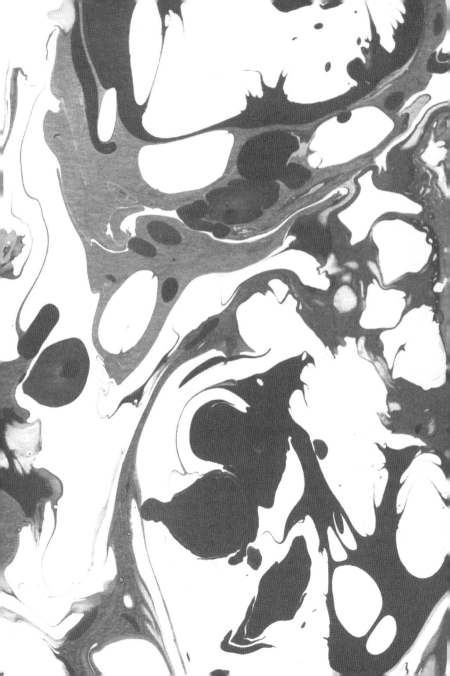

あとがき

　身体になにか言葉を彫らなければならないとしたら自分はなんと彫るだろう。実際に彫るわけではないのに真剣に考え出すと、この言葉と決め切れない。「あと十秒で決められない場合はこちらで勝手に決めます」と追い込まれたら焦るだろうけど、やっぱり自分で決めたい。「憂鬱」とか「Show Time!」などと彫られるのは嫌だし、「保留」と彫られた大量の優柔不断組に属すのも不本意だ。

　その時に好きな人の名前を彫るのは良案だと自分は思うが、その相手が恋人ではない場合、事前に許可を取らないと、後から相手に精神的な苦痛を与えてしまうかもしれない。仮に恋人だったとしても、翌日にふられてしまう可能性もある。だが、その状況は嫌いではない。関係が終わっても、まだどこか繋がっているような気がして嬉しい。一人でテーマパークに行ったとして、背中に彫った元恋人の名前のおかげで、二人で楽しめたような感覚を持てたとしたら、係員の人に事情を説明して二人分の入場料を支払ったほうがいいだろうか。次に好きな人ができたら、また悩んでしまう。新しく線を彫って別の言葉に無理やり変更するか、幾何学模様にしてしまうか。そもそも模様でいいなら最初からそこまで悩まない。

自分が裸の死体で発見された場合、「わかっとるわ」と誰かに言われてしまうかもしれないけれど、「人間」がいい。「人」のほうが、彫られている時に感じる痛みは少ないが、「人間」のほうがなんか格好いい。「人間」が一番しっくりくる。謙虚なのか不遜なのか解らず、善し悪しも解らないのがいい。

自分の名前で文章を書くということは、なにかを確定させるという意味において身体に文字を彫ることと似ている。取り返しのつかないことになりかねないし、覚悟が必要な行為でもある。判断が保留になっている状態を書くことは、保留の状態を決定したことになる。

今回、往復書簡を読み返してみて、「アナタの効率的な戦略ではなく、アナタが煮込んでいる思索を知りたい」という武田さんの言葉にはっとした。たしかに誰かの処世術なんてどうでもいい。

武田さんならどんな言葉を身体に彫るだろう。言葉を彫れとする法律への文句を長文で彫り、その法律施行以来、最大の文字数でギネスに認定されて、また苦情を彫ってほしい。

二〇一八年十一月　又吉直樹

本書の「往復書簡」部分は、『東京新聞』および『中日新聞』夕刊に二〇一六年八月四日〜二〇一八年一月二十三日にわたって毎週木曜日に掲載（最終週は休載）されたもの（全五十四回）を、加筆・修正のうえ収録しています。

「まえがき」（武田砂鉄）と「あとがき」（又吉直樹）は書き下ろしです。

又吉直樹 またよし・なおき

一九八〇年大阪府生まれ。よしもとクリエイティブ・エージェンシー所属のお笑い芸人。二〇〇三年にコンビ「ピース」を結成。二〇一五年に「火花」で第一五三回芥川龍之介賞を受賞。著書に『東京百景』（ヨシモトブックス）、『劇場』（新潮社）などがある。現在、毎日新聞にて小説「人間」を連載中。

武田砂鉄 たけだ・さてつ

一九八二年東京都生まれ。出版社勤務を経て、二〇一四年よりライターに。著書に『紋切型社会――言葉で固まる現代を解きほぐす』（朝日出版社、第二五回Bunkamuraドゥマゴ文学賞受賞）、『芸能人寛容論――テレビの中のわだかまり』（青弓社）、『コンプレックス文化論』（文藝春秋）、『日本の気配』（晶文社）などがある。

往復書簡
無目的な思索の応答

二〇一九年三月一五日　初版第一刷発行

著者――又吉直樹
武田砂鉄

装幀――重実生哉

編集――綾女欣伸

発行者――原　雅久

発行所――株式会社 朝日出版社
〒一〇一-〇〇六五 東京都千代田区西神田三-三-五
電話 〇三-三二六三-三三二一
ファックス 〇三-五二二六-九五九九
http://www.asahipress.com/

印刷・製本――大日本印刷株式会社

ISBN978-4-255-01108-0 C0095